KB044994

장자, 치유지향治癒之鄕

모들아카데미02

장자, 치유지향治癒之鄕

왕방웅王邦雄 지음

전병술 옮김

내가 만난 장자, 내가 만난 왕교수님

대학교 다닐 때 만약 계속 공부하게 된다면 동양 철학을 할 것이고, 동양 철학을 공부하게 된다면 도가 사상을 하겠다고 생각했었다. 대학원에 진학하자 교수님이 유가 사상을 권하였다. 도가의 학문은 젊은이의 학문이 아니라고 하시면서. 결국 주자학에 관한 석사논문을 쓰고 대만 유학길에 올랐다.

대문 문화대학 철학연구소에서 동·서양 사상들을 폭넓게 공부하는 가운데 왕방숭 교수님으로부터 장자철학을 듣게 되었다. 양명산 꼭대기에 있는 학교까지 너무 먼 관계로 교수님 댁에서 격주로 수업하였다. 처음 거실에 들어서자 차향과 함께 가장 먼저 벽면에 걸린 족자가 눈에 들어왔다. "上善若水" '상선약수, 가장 아름다운 것은 물과 같다.' 는 뜻의 노자 『도덕경』에 나오는 문구다. 왕교수님과 더불어 있으면 있을수록 그 인품에 꼭 어울린다는 생각이 더하였다.

우리나라에 '상선약수' 라는 문구를 좋아하는 정치가들도 꽤 있다. 한 노정치가의 거실에서 본 적 있다. 내 보기에 왕교수님과 전혀 다른 인품인데도 역시 너무나 잘 어울린다. 하긴 물은 다양한 모습을 드러내니. 누구든 거처하기 싫어하는 가장 낮은 곳을 흐르면서 뭇 생명을 살리는 것이 물이다. 그러나 다른 한편 물은 큰 바위를 만나면 피해 간다. 평생 정치생명을 유지한 비결이 아닐까? 한 학기 동안 『장자』 내 7편을 공부하였다. 당시 아직 짧은 중국어 실력에 선생님의 혜안을 다 이해하기에는 부족했지만, 핵심만은 와 닿았다. 이 때 느낀 장자의 자유와 다원주의적 사고가 일찍이 불교와 인연이 닿지 않았던 나를 자연스레 양명학 공부로 인도한 듯하다.

왕교수님은 노장사상을 포함한 중국 사상 전반에 조예가 깊어서 많은 전문 학술서적을 저술하여 후학들을 학문의 길로 인도하였다. 뿐만 아니라 사유의 스펙트럼도 넓어서 오랫동안 대중들 앞에서 강연하며 삶에 지친 사람들의 위안처가 되고 있다. 이 책은 장자 강연을 엮어 출간한 『장자도』라는 책을 번역한 것이다. 이 강연은 꽤 오래전에 이루어졌지만 지금도 여전히 이 책에서 밝힌 사유를 따라 강연하고 계신다고 하니 시간은 문제가 되지 않는다고 생각한다. 다만, 저자의 허락 하에 좀 더 와닿게 하기 위하여 몇 가지 예시를 우리 현실로 바꾸었다. 예를 들어 대만의 국민당과 민진당 관계는 우리의 새누리당과 민주당으로, 중국과 대만 관계는 남한과 북한 관계로, 학교 명칭 등.

언젠가 '동방에 태어나서 행복하다' 고 말하던 노학자의 모습이 떠오른다. "공동체의 일원으로서 관계 맺음 속에서 자아를 실현하기 위해 최선을 다한 삶은 공자와 맹자로부터 배웠다. 부대낌에 지쳐 피곤할 때 옆을 보니 노자와 장자가 자유와 휴식의 공간을 준다. 죽음에 닥치니 부처가 해탈과 열반의 길로 인도한다."

삶이 고달프다고 느낄 때면 늘 『장자』를 읽는다. 『장자』는 내게 있어서 치유의 책이다. 힘들고 지친 누군가에게 조금이나마 치유의 고향이 되길 희망한다.

장자 사상뿐만 아니라 덤으로 차향의 세계에 눈뜨게 해 주신 은사님께 감사드린다. 그리고 흔쾌히 판권을 넘겨준 대만 리런(里仁) 서국 쉬슈룽(徐秀榮) 사장께 감사드린다. 또한 출판과 교정에 힘써 주신 도서출판 모시는사람들 식구 모두에게 감사드린다.

2014년 3월

전병술 씀

장자는 노자를 이어받아 이야기를 진행하는데, 『장자』를 해독하는 일은 『노자』를 해독하는 일보다 훨씬 어렵다. 『노자』는 각 장이 매우 간단하고 관념이 명확하며 구성도 체계적이어서 의미를 비교적 쉽사리 파악할 수 있다. 반면 『장자』는 우화를 많이 사용하고 문장도 길며 상상의 공간이 풍부하고 관념이 상대적으로 모호하여 파악하기 쉽지 않다.

노자는 주나라 문화에 대한 유가의 전승 태도를 반성하고 직접 비판을 가하면서 이론적 대화를 진행하는 동시에 자신의 사상체계를 꾸려내었다. 장자는 당시 유가와 묵가가 각각 자신의 이론만 옳고 상대방의 이론은 그르다고 주장하는 분란의 소용돌이 속에서 본질적인 성찰을 전개하였다. 장자는 유가와 묵가의 시비 판단의 세속적 논변에 개입하지 않고 그것을 초월하여 마치 문짝의 지도리와 같이 양쪽 모두 지탱한 채, 밝은 태양이 온 세상을 두루 비추듯 다원주의의 공간을 이끌어낸다. 장자는 이론의 구성보다는 갈등의 해소에 중점을 두고 이야기를 진행하였기 때문에 개념을 잡기가 쉽지 않고 체계 또한 구성하기 어렵다. 이렇게 볼 때 『장자』 해독의 선결조건은 『노자』에 대한 명확한 이해라고 할 수 있다.

『사기·노자한비열전』의 기록에 의하면, 장자 사상의 요지는 노자에 근원을 두고 있으며, 십여 만자에 달하는 저서는 대부분 우화 형식으로 구성되어 있는데, 「어부」, 「도척」, 「거협」 등을 통해 "공자의 무리들을 조롱하면서 노자의 이론을 드러내었다."고 하였다. 사마천의 이 해석은 후대에 『장자』를 해독하는 데 많은 곤혹을 남겼다. 첫째, 어째서 장자의 대표작으로 내편의 「소요유」, 「제물론」, 「양생주」 등을 꼽지 않고 오히려 소동파나 왕부지가 저열하고 천박하다고 비평한 외편 및 잡편을 들었는가? 둘째, 장자의 사상이 정말로 공자의 무리들을 조롱하면서 노자의 학술을 밝혔는가? 두 물음은 서로 맞물려 있어서 근거한 문장에 문제가 있다면 당연히 잘못된 결론에 이를 수 있다.

이에 대해 아마도 사마천이 '내편'의 최상의 작품들을 읽지 않았을 가능성이 있다는 의문이 합리적일 수도 있다. '내편' 가운데 「인간세」의 '심재'와 「대종사」의 '좌망'의 양대 수양 공부를 이야기할 때, 장자는 공자와 그의 제자 안회 간의 대화를 통하여 의미를 드러낸다. 이는 비록 역사적 사실이 아닌 우화일지라도 최소한 유학자에 대한 장자의 존중을 반영하였다고 볼 수 있다. 그들을 존중하였기 때문에 자신의 가장 중요한 수양 공부를 '한 그릇의 꽁보리밥과 물 한 사발에 만족하고 그 가운데 즐거움을 찾은' 공자와 '달동네에 살며 겨우 입에 풀칠하면서도 즐겁게 생활한' 안회를 통하여 표출하였다. 심지어 공자에 대하여 "하늘이 내린 형벌인데, 어찌 풀 수 있단 말인가?", "공자는 천생의 사형수다."라고 하기도 하면서 최대한의 동정심과 평가를 내렸는데 어떻게 공자와 안회를 조롱했다고 할 수 있겠는가? 그런데도 불구하고 두 사제 간의 은유를 통하여 노자의 이론을 드러내었다고 하니, 이 얼마나 황당한 주장인가?

사마천이 노자와 장자, 그리고 신불해와 한비자를 엮어서 한 열전에 묶은 까닭은 도체(道體)의 텅 빔을 이용한 술책이 노자에서 비롯되었다고 여겼기 때문이었는데 양계초는 이를 보고 진상을 가장 잘 드러내었다고 하였다. 이와 같은 해석은 사실 선진(先秦)시대의 근원적인 문제와 한나라 시대 대통합의 정치적 정세가 직접적으로 연관되어 있음에서 기인했다고 할 수 있다. 이론이 완성되고 나면 실천으로 이어지는데, 민간에서는 '교화'로 실시되고, 정부에서는 '책략'으로 실시된다. 유가와 도가 모두 각각 교화와 운용으로 나아가는데, 한나라 시대에는 황로학의 통치술을 운용하는 한편 유가를 독존으로 삼기도 하였다. 나아가 경학에 재이와 참위설이 섞여 들어와 도교는 육체적 수련을 통한 장생불로를 추구하는 길로 전환되었다. 유가와 도가 사상 모두 변질되어 사마천의 아버지인 한나라 역사학자 사마담은 "그 술수는 허무를 바탕으로 삼고, 인습을 좇아 운용하였다."라는 말로 당시의 도가를 표현하는 한편, "허(虛)는 도의 한결같음이고, 인습은 군왕의 강령이다."라고 하였다. 한나라의 또 다른 학자 반고는 "도가의 무리들이 대개 사관 출신으로서 역대 왕조의 성패, 존망, 화복의 도리를 기록하고, 이를 통해 핵심을 파악한 후 청정과 비움의 태도를 통해 자신을 지키고 낮음과 유약함을 나타내었는데, 이는 군왕이 자리를 보존하는 책략이다."라고 하였다.

이로부터 노자와 도가에 대한 사마천의 이해는 가학(家學)의 전통을 잇고 시대적 색체를 더했음을 알 수 있다. 노자가 주장한 마음 비움과 유약함에 대한 숭상은 한 대에 이르러 이미 군왕의 통치술로 변환되었는데, 이로부터 사마천이 장자가 "노자의 술책을 밝혔다."고 말한 유래를 알 수 있다.

『장자』는 내 7편, 외 15편, 잡 11편 등 총 33편으로 구성되었다. 위진남북조 시대 학자 곽상은 일찍이 각각의 가치를 판정하였다. 곽상은 경전 해독에는 선후와 본말의 순서가 있는데, 내편은 본이 되고 외편과 잡편은 말이 되니, 본은 정독해야 하고 말은 넓게 읽으면 된다고 하였다. 또한 내편의 이론 구조를 바탕으로 삼아 외편과 잡편에서 말하는 도리가 적확한지 여부를 판단해야 하지, 반대로 외편과 잡편의 논점으로 내편을 해석해서는 안 된다고 하였다. 곽상은 무슨 근거로 이와 같이 단정하였는가? 장자 주해의 대가였던 곽상은 노자와 장자가 살던 시대보다 더 노자와 장자처럼 살았기 때문에 더욱 절실하게 장자가 말하고자 한 뜻을 깨달았다고 할 수 있다.

그렇다면 내·외·잡편을 구분하는 기준은 무엇인가? 청나라 학자 왕부지와 현대 학자 당군의의 관점에 의하면, 의미와 형식 측면에서 볼 때, 외편은 일관되게 형식에 치우치며, 내편은 한마디로 도리를 설파하여서 다른 해석의 여지가 없다. 잡편의 몇몇 문장들은 빼어난 의미를 담고 있음을 볼 수도 있지만, 형식적인 측면에서 각자 독립적으로 구성되어서 앞뒤로 연속성이 결여된 데 반해 내편은 의미심장한 내용들로 구성되었을 뿐만 아니라 전편을 관통하고 있다. 간단명료하게 직설적으로 말하자면, 내편은 장자학 내에 있고, 외편은 장자학 밖에 있으며, 잡편은 잡탕 장자학이라 할 수 있다. 그러므로 내편만이 장자 자신의 사상을 대표하고, 외편과 잡편은 장자 후학의 작품이라고 보아야 한다.

더 깊이 말하자면, 내편에서는 도가 생명 안에 있고, 외편에서는 도가 생명 밖에 있다. 도가 생명 밖에 있다 함은 도체가 생명 주체 밖으로 빠져나가 초월적이고 객관적인 존재로 바뀌었음을 의미한다. 잡편에도 간혹 절실하게 와 닿는 부분이 있다. 잡편 가운데 「천하편」은 예외로 기세가 내편의 「제물론」, 「대종사」와 견주어 조금의 손색도 없다. 장자는 「천하편」에서 고대 도학의 전반적인 이론 체계를 통해 서로 갈린 제자백가 사상들을 평가하였다. 이렇게 이론 체계에 있어서 내편과는 다르기 때문에 「천하편」은 『장자』의 에필로그가 아니라, 장자학에서 독립하여 따로 일가를 이룬 문장이라 할 수 있다.

장자의 가장 근본적인 학문 성격은 수양 공부를 통해 노자의 도를 우리의 생명의 흐름 속으로 완전하게 내화시킨 점이다. 노자의 도는 "도는 하나를 낳고, 하나는 둘을 낳으며, 둘은 셋을 낳고, 셋은 만물을 낳는다."는 객관적인 실재의 형태를 띠기도 하는데 반해 장자의 도는 이미 우리의 생명과 인격 속으로 녹아 들어왔다. "만 구멍이 울어대는데, 누가 울게 하는가?!" '누가 울게 하는가' 는 물음이기도 하고 감탄이기도 하다. 느낌표는 '도' 가 존재함을, 물음표는 '도' 가 없음을 표현한다. 도는 있기도 하고 없기도 한데, 도체는 스스로 해체하여 만물이 각자 자신의 소리를 낼 수 있는 공간을 제공한다. 그러므로 곽상의 말처럼 '스스로 존재하고 스스로 변화'하는 경지 형태의 형이상학이 된다. 이러한 경지의 현현은 완전히 주체의 수양이 보증한다.

노자의 사상은 앎과 생명이라는 두 길을 열었다. 앎의 '밝음' 은 도의 '없음' 의 측면에서 오고, 생명의 '덕' 은 도의 '있음' 의 측면에서 온다. 노자는 '밝음' 을 통해 '덕' 을 비추었기 때문에 "있음은 없음으로부터 나왔다."라고 말하였다. 순자는 앎의 '밝음' 의 길을 전승하였고, 장자는 생명의 '덕' 이라는 길을 전승하였다. 순자의 앎은 생명에서 독립하여 그 '밝음' 으로 '덕' 을 비추지 않고 오직 인지작용만을 드러내었기 때문에 '본성' 은 그 빛을 잃게 되었다. 그러므로 순자는 "인간의 본성은 악하다."라고 하였던 것이다. 장자는 앎을 생명

안으로 녹아들게 하여, '밝음'의 광채는 드러나지 않은 채 오직 '덕'만을 드러내어 지인(至人)·신인(神人)·성인(聖人)·진인(眞人)의 인격을 표현하였다. 순자의 앎의 길은 신불해와 한비자의 황로 통치술을 열었고, 장자의 생명의 길은 고자와 신도 및 위진 명사의 생명을 열었다. 신불해와 한비자의 황로 통치술에는 밝음은 있으나 덕은 없고, 고자와 신도 및 위진 명사는 밝음을 덕으로 삼았다. 이는 노자의 '무로 유를 비춤'이라는 관념이 전환하여 장자의 '무를 통해 유로 들어감'이라는 관념으로 바뀌었고, 위진 시대에 이르러 다시 '무를 유로 삼음'이라는 관념으로 바뀌었음을 의미한다.

이렇게 위진 시대에 이르러 '유'는 허무주의의 심연으로 추락하고 만다. 위진 명사들의 천하에 이르러 도가는 이미 변질되어 노자와 장자의 '도는 숨어서 이름 없음'의 도리는 비극적 결말을 맞게 된다. 『장자』「인간세」의 "순종하는 태도를 취하면서도 함몰되지 않고, 조화를 이루면서 자신을 내세우지 않는" 수양 공부의 입장에서 보자면, 위진 명사는 순종하는 가운데 함몰되어 방랑하는 몸이 되었고, 조화를 이룬다 하면서도 세상에 이름을 내세우며 노장의 생명철학으로부터 멀어졌다. 위진 명사들은 결국 하늘로부터 버림받고 세상에서도 외면당한 신세를 면할 수 없었으니 『장자』를 읽음에 거울로 삼아야 한다.

왕방웅(王邦雄)

차례

01

『장자』 우화에 담긴 뜻

꽃 피는 봄에도 소요할 수 있고,

삭풍이 부는 추운 겨울에도 소요할 수 있다.

푸르디푸른 하늘 저 멀리 소요할 수 있고,

어둠에 휩싸인 하늘에서도 소요할 수 있다.

남쪽 나라 초록빛 평원에서 소요할 수 있고,

북쪽 메마른 사막에서도 소요할 수 있다.

1. —
대붕의 비상

『장자』「소요유」에 나오는 '대붕의 비상' 이라는 우화는 생명의 성장과 도약 및 비상의 역정에 대해 말하고 있다.

북명(北冥)은 생명이 잉태되고 성장하는 큰 바다이다. 그곳에 곤(鯤)이라고 불리는 새끼 물고기가 살고 있었다. 새끼 물고기는 본래 극히 작은 존재였지만, 오랜 세월이 흐르는 동안 몸 길이가 몇천 리나 되는 커다란 물고기로 자란다. 이는 생명이 작은 것에서 출발하여 크게 성장하는 것을 의미한다.

작은 물고기는 아주 커다란 물고기로 성장하는 것에만 그치지 않고, 붕(鵬)이라고 불리는 커다란 새로 변화한다. 붕새의 등짝 길이는 몇천 리나 된다. 힘차게 날갯짓하여 활짝 펴면 하늘의 절반을 가리는 듯하다.

이 커다란 붕새(대붕)는 6월이 되어 바다에서 바람이 일면 계절풍을 타고 남명(南冥)으로 날아간다. 남명과 북명은 지리적 경계로 나뉜

남과 북이 아니다. 남명은 천인합일이라는 궁극적인 경지를 체현함을 일컫는다.

이것은 「소요유」의 의미가 담겨 있는 주제적 우화이다. 자신의 삶이 소요의 경지를 향해 나아가려면, 우선 '작은 것에서 큰 것'으로 성장해야 하고, 다시 '큰 것으로부터 변화'가 일어나야 한다. 변화가 일어나지 않는다면 큰 것은 결국 스스로의 짐이 될 뿐이다. 즉 평면적인 양적 성장에서 입체적인 질적 도약을 이루어야 한다는 말이다.

나아가 생명 주체의 수행과 함양을 통하여 천지 자연과 하나가 되어야 한다. 나와 천지가 마치 한몸처럼 더불어 변화하며 움직여야 한다. 북명의 인간 세상에서 남명의 천상으로 날아가는 것은 형이상학적인 생명의 여정이지, 북극에서 남극으로 이동하는 철새들의 고난의 여행이 아니다. 「소요유」는 '남명은 천지다.'라는 말로 화룡점정하였는데, 이는 신령한 용의 현현이고 우리가 다다라야 하는 궁극적 경지를 일컫는다.

대붕이 비상하는 장관은 장자 「소요유」의 백미다. '소(逍)'는 해소함을 의미하는 것으로 수양 공부와 관계한다. '요(遙)'는 원대함을 의미하는 것으로 수양 공부를 통해 성취한 경지와 관계한다. 육체적 속박과 정신적 집착을 해소하면 육체적 구속에서 벗어나고 정신적 질곡에서 풀려나서 온 생명이 완전하게 해방될 것이다. 그러고는 높이 높이 날아올라 광활한 창공을 가로지르며 비행할 것이다. 이는 인간이 고안한 형이상학적인 하늘로서, 어디에서든 무슨 일이든 노닐지 못할 것이 없다.

이 대붕의 비상이라는 형이상학적인 여정에 대해 장자는 "천지의 바름을 타고 육기(六氣)의 변화를 다루면서 가없는 곳에서 노니는 사람이 어찌 기댐이 있겠는가! 그러므로 지인은 자기가 없고(至仁無己), 신인은 공적이 없으며(神人無功), 성인은 이름이 없다(聖人無名)."라고 하였다. 하늘과 땅은 본래 그러하니 빌릴 수도 없고 빌릴 필요도 없다. 육기는 스스로 변화하니 제어할 수도 없고 제어할 필요도 없다. 단지 자신의 생명이 천지와 더불어 있고 육기와 더불어 운행하면, 기후와 지리적 조건을 기다릴 필요 없이 바로 그 자리에서 자유자재로 소요할 수 있다.

꽃 피는 봄에도 소요할 수 있고, 삭풍이 부는 추운 겨울에도 소요할 수 있다. 푸르디푸른 하늘 저 멀리 소요할 수 있고, 어둠에 휩싸인 하늘에서도 소요할 수 있다. 남쪽 나라 초록빛 평원에서 소요할 수 있고, 북쪽 메마른 사막에서도 소요할 수 있다. 기다릴 것이 없다는 것은 조건이 없다는 의미다. 조건이 없다는 것은 한계가 없다는 의미다. 생명의 아름다운 공간이 어찌 무궁무진하지 않다 하겠는가?

이것이 바로 '소요유'다. 인위적 조작을 떨쳐 내고 자연의 천진난만함으로 돌아가야 한다. 인위적 조작 가운데 가장 센 것은 권세와 공명을 향한 다툼이고, 그 응어리는 자신의 집착에 깃든다. '무기(無

己)'는 자신에 대한 집착을 없애는 것이고, 권세를 위한 각축을 없애는 것이며, 공명에 대한 열망을 없애는 것이다. 자신을 없애면 공명이 깃들 곳을 잃게 되어 인생은 권세의 질곡과 공명이라는 감옥에서 빠져 나와 결국 공적도 없어지고 이름도 없어질 것이다. 이렇게 되면 생명이 다시 본래의 자기 모습을 되찾아 자유자재로 노닐 수 있게 될 것이다.

'소요유'는 공부이면서 경지다. 수양 공부를 통해야만 경지에 다다를 수 있다. '소(逍)'를 이루어야 '요(遙)'할 수 있고, '요'를 이룬 후에야 '유(遊)'할 수 있다. '큰 것'에서 변화할 수 있는 것이 '소'이고, 변화하여 '비상'하는 것이 '요(遙)'이다. 남명·천지는 이 땅에서 이루어질 천국이니 노닐지 못할 곳이 있겠는가? 노닐지 못할 일이 있겠는가? 이렇게 대붕의 비상은 소요유 정신의 상징이다.

2. —
참새와 대붕

『장자』「소요유」에서 대붕이 힘차게 날갯짓하면 '물보라가 삼천리 높이 솟아오르고 마치 회오리바람인 양 구만리 상공으로 날아오른다.' 고 하였다. 구만리 높이 올라가야만 강한 바람을 타고 저 거대한 대붕이 두 날개를 펼치고 고공비행을 할 수 있기 때문이다. 또한 그래야만 광활한 창공을 등에 업고, 추락하는 일이 없기 때문이다.

어릴 적, 마당에 작은 구덩이를 파고 물을 부은 다음 풀잎을 놓아본 적 있는가. 마치 배가 물에 떠 있는 듯 보인다. 그러나 찻잔을 물 위에 띄우면 바로 가라앉아 버린다. 물이 깊지 않아서 찻잔을 띄울 부력이 없기 때문이니, 대붕의 비상에 그토록 강한 바람이 필요한 까닭도 이와 같다.

그와 같은 큰 바람을 일으키는 천지의 변화는 본디 우리 삶의 주위를 감싸며 진행된다. 여름철 호수를 뒤덮는 물안개건, 허공을 떠도는 먼지건, 혹은 생태계 전체의 숨소리이건, 심지어 광활한 하늘의 푸르디푸른 색이건 모두 자신의 본모습이겠는가? 모두 멀고 먼 가없는 것에서 나오는 느낌 아니겠는가! 무한한 공간 저 너머에서 바라보면 이 땅도 필시 푸른색이리라.

이렇게 보니 대붕의 비상도 바다가 요동치든 혹은 6월에 부는 계절풍을 타든 바다를 흔드는 바람이 있어야만 가능한 듯 보이지만, 실은 바람에 기댈 필요가 없는 비상이다. 천지의 변화라는 자연의 기운은 본래 여기에서 기다리고 있기 때문이다. 오직 '내가 작은 것에서 큰 것으로 성장하였는가, 큰 것에서 다시 변화하여 도약하였는가?' 하는 물음에 대한 답만이 필요할 뿐이다.

장자는 어릿광대와 같은 참새를 내세워 대붕의 광활한 시야를 더욱 두드러지게 드러낸다. 참새는 대붕이 왜 그리 높이 올라가야 하는지, 왜 그리 멀리 날아가야 하는지 알지 못하고, 오히려 득의양양하게 "나는 날고 싶으면 날고, 온 힘을 다해 날아도 나무 덤불 가지 위이고, 때로는 날아오르다 힘에 부쳐 떨어져 바닥에 머리를 처박기도 한다. 그러다가도 몸을 흔들어 머리에 붙고 몸에 묻은 먼지를 털어내면 예전과 다를 바 무엇인가? 어이 대붕 형씨, 그대는 어찌 그런 도도한 자태를 하고 구만리 상공으로 높이 올라 남명으로 날아가려 하는가! 우리를 그저 덤불에서나 노는 별 볼 일 없는 작은 새라 얕보지 말게나. 우리 사는 하늘과 땅이 비록 좁다 하나 각자 생긴 대로 노는 것이니, 이 또한 최고의 비행 아닌가! 진정 구만리 상공까지 날아올라야만 소요할 수 있단 말인가?"

사람 사는 세상은 늘 이해득실과 권세의 각축장이고, 누가 무엇을 하든, 예컨대 '벼슬 한 자리 담당할 수 있는 지식을 갖추었든, 고을 하나를 다스릴 능력을 가졌든, 임금과 백성들에게 신임을 받을 수 있는 인격을 갖추었든' 상관없이 모두 저 참새마냥 하잘것 없는 존재라고 장자는 여긴다. 득의양양한 듯 보이지만 실은 모두 명예에 묶이고 권세에 의해 구속당한다. 공적도 없애고 명예도 없애야만 갖가지 매듭을 풀어헤치고 해방될 수 있다. 그래야만 참새의 삶을 벗어던지고 그 자리에서 스스로를 해방하여 대붕이 될 수 있다. 두 날개를 활짝 펴고 높이 비상하여 정신적 세계로 날아갈 수 있다. 이것이 바로 장자가 깨달아 연 소요유의 세계다.

참새와 대붕의 구분은 형체의 크기에 따른 것이 아니라 마음의 크기에 따른 것이다. 집착이 있고 기댐이 있으면 삶이 곤궁해지고 작아진다. 집착이 없고 기댐도 없으면 마음이 자유롭게 되고 커진다. 누구든 참새의 삶의 울타리에서 탈출하여 대붕의 성장과 비상의 길로 갈 것을 장자는 외친다.

당신은 세계적 시야를 개척하길 원하는가? 그렇다면 참새와 같은 헬리콥터를 타지 말고 대붕과 같은 큰 비행기로 갈아타라. 그래야만 높이 올라, 멀리 그대가 꿈꾸는 세계로 날아갈 수 있을 것이다.

3. —
만 구멍이 내뿜는 소리

『장자』「제물론」은 만물 평등을 지향한다. 하지만 만물 모두 각각 다른 것이 실정인데 어떻게 평등하게 대우할 수 있단 말인가? 또한 만물 평등은 가치관에 속하는 문제인데, 사실적 차원에서 볼 때 어떻게 평등할 수 있단 말인가? 가치 평가는 가치 체계에 근거하므로 제물(齊物)론의 근거는 '물론(物論; 이론/이념/교리)'에 있다.

내 생각에 '물론'은 진제승의(眞諦勝義; 참된 진리)와 속제열의(俗諦劣義; 세속적 진리)로 구분할 수 있다. 진제승의는 만물의 존재 이유를 제공하고 이론적 근거를 보장한다. 이는 철학 이론과 종교 교리에서의 존재론에 해당한다고 할 수 있다. 예컨대 유가의 성선설과 묵가의 겸애설 등을 일컫는다. 유가와 묵가는 모두 당시의 현학이었다. 유가의 선비와 묵가의 협객들이 동일한 무대에서 활약하며 서로 "이 세상에서 나 말고 누가 있겠는가?"라고 외친다. 나아가 "난들 어찌 논쟁을 좋아하겠는가? 어쩔 수 없어서 그럴 뿐이다."라는 말로 치장하고 서로 비판하며 각자 자신만 옳다고 여기는 와중에, 두 학문의 진제승의로서의 '물론'은 속제열의로서의 '물론'으로 타락하게 되었다. 이렇게 되어 본래 아름답던 존재론이 서로를 공격하는 동안 각각 자신만 옳고 남은 그르다는 유가와 묵가의 싸움으로 이어지게 되었다.

장자는 유가와 묵가가 서로 '상대방이 그르다 하는 것은 옳다 하고 옳다 하는 것은 그르다고 하는' 시대에 살았다. 만약 유가만 옳고 묵가가 그르다고 하든, 반대로 묵가만 옳고 유가는 그르다고 하든, 어떻게 결론이 나든 모두 학술계 및 문화계의 크나큰 손실이 될 것이다. 장자가 밟은 길은 유가와 묵가의 가치 체계로부터 모두 초월하여 천도(天道)의 가장 높은 곳에 서서 두 사상을 평등하게 관조하여 둘 모두 옳다고 말할 수 있는 길이다.

장자는 이렇게 각 학파와 종교의 '물론'이 평등할 수 있는 이론적 근거를 '만 구멍이 내는 소리'라는 우화를 통해 제시한다.

산하 대지가 숨을 내쉬는 것은 우주의 큰 바람이다. 바람이 일지 않으면 그만이지만 한번 일기만 하면 지상의 모든 구멍이 각자 자신들의 소리를 내뿜는다. 이 대지의 교향곡이 바로 '땅의 소리[地籟]'다. 관현악기가 내는 소리가 다 다르듯 사람은 누구나 각자의 개성대로 살아간다. 자기 자신만의 생명의 악장을 연주하는 것이 '사람의 소리[人籟]'다.

만 구멍에서 나오는 땅의 소리, 각자의 입에서 나오는 인간의 소리가 비록 다 다르지만 모두 하늘의 소리가 실현되는 것이다. 그것은 서로 다른 구멍과 서로 다른 개성에서 나오는 소리란 소리는 모두 소리 없는 소리인 하늘의 소리로부터 나오기 때문이다. 유가와 묵가 나아가 현대 여러 종교의 이론이나 교리들은 각 지역의 역사와 전통, 기후와 지리적 조건, 풍토와 인정 등이 결합되어 이루어진 문화적 심령이다. 이들은 마치 만 구멍에서 내뿜는 소리와 같이 서로 간의 곡조와 품격이 다르기는 하지만, 모두 '하늘의 소리'를 원천으로 해서 나오는 것이기 때문에 평등한 가치를 지닌다.

이 '물론'의 평등이라는 토대와 각 종교 전통의 품 안에서 신도들은 진정한 평등을 이룰 수 있게 된다. 그렇지 않다면 마음속에 우월의식을 감추고 말로만 평등을 외치는 꼴이 된다. 단지 누군가를 긍휼히 여기는 태도만으로 종교임을 자처한다면 오만함을 끝내 감출 수 없고, 결국은 전쟁의 소용돌이를 만들게 될 것이다. 현재 기독교 문명과 아랍 문명 간의 정치권력의 각축하에, 각자의 교리와 계율은 진제승의 에서 타락하여 속제열의가 되어 버렸다. 각자 자신의 교리만이 옳다는 전제하에 상대방의 다른 점을 그르다고 판결한다. 그러고는 하나님 편에 섰니 알라 편에 섰니 하면서 광명정대하게 진리를 위해 싸운다고 하지만 실상은 자기방어와 자아 폐쇄적 의식구조를 드러낸다.

두 종교의 '물론'의 판단 기준에서 초월하여 위에서 비추어 보아 '하늘의 소리'라는 원천에서 상대방 종교를 있는 그대로 인정하고 함께 어우러지면서 각자 자신의 자손들을 이끌면서 하나님과 알라의 영원의 품을 향해 나아가면 그만이다.

남북문제나 국내 정치 세력 간의 다툼도 장자 제물론 지혜를 통해 전환점을 마련할 수 있지 않을까!

4. —
소리를 내뿜는 주체는 누구인가?

『장자』 「제물론」의 '만 구멍이 내뿜는 소리'에 관한 우화는 남곽자기(南郭子綦)와 안성자유(顔成子游)라는 사제 간의 대화를 통해 전개된다.

어느 날 자기는 찻상에 기대어 정좌 공부를 하던 중 하늘을 쳐다보며 한숨을 내뿜으면서 형체의 속박에서 벗어났음을 표현한다. 이때 곁에서 자기를 모시던 자유가 스승이 수행을 통해 육신이 해체되는 듯한 모습을 보고는 풀리지 않는 의혹이 마음에 가득 차게 된다. 그래서 "스승님, 지금 이 모습이 바로 수양 공부를 통해 체현한 경지입니까? 어찌하여 오늘의 모습이 어제의 모습과 이리도 다를 수 있단 말입니까? 육신은 마치 말라 죽은 나무처럼 생기가 하나도 없는 듯 보일 수 있다손 치더라도, 생명의 주체인 영혼도 다 타 버린 재같이 조금의 생각도 없는 듯이 할 수 있단 말입니까?"

제자의 입장에서 볼 때 이는 삶과 죽음의 경계이다. 스승을 좇아 도를 닦아 왔건만, 스승이 보여준 수행 경지가 육신은 말라 죽은 나무와 같고 영혼은 다 타 버린 재와 같은 경지라니! 제자는 육신의 변화는 그나마 이해할 수 있었다. 영혼이 육체를 떠나고 나면 형체는 바로 광채를 잃어버려서 마치 말라비틀어진 나무 조각처럼 보일 수 있다. 하지만 영혼마저 그렇게 되는 것은 용인하기 어렵다. 만약 수행의 성과가 영혼이 다 타 버린 재같이 생기가 사라지는 지경이라면 계속 스승 곁에 머물며 수행한다는 것을 다시 생각해 볼 수밖에 없다.

안성자유가 자신의 공력에 회의를 느끼는 것을 감지한 남곽자기는 신중하게 다시 설명한다. "너의 물음은 참으로 고명하구나. 이미 수양 공부의 관건을 맞추었다 할 수 있다. 너는 오늘의 내 모습이 평상시와 다른 것을 간파하였구나. 나는 지금 내가 나를 잊어 버리는 오상아(吾喪我) 공부를 하고 있다. 너는 아마 사람의 소리를 들어 본 일은 있겠지만 대지의 소리를 들어 보지는 못했을 것이다. 설사 대지의 소리를 들어 보았다손 치더라도 하늘의 소리는 결코 들어 보지 못했을 것이다."

남곽자기는 명확하게 내가 나를 잊어 버리는 오상아 공부를 들어 왜 육신이 말라 죽은 나무같이 보이는가에 대해 대답하고, 다시 '하늘의 소리'를 들어 제자가 이해할 수 없었던, 영혼이 다 타 버린 재같이 되는 경지를 설명하였다.

스승은 제자를 향해 되묻는다. "너의 눈과 귀를 통해 볼 수 있는 것은 단지 나의 육신의 모습일 뿐이다. 따라서 내 육신이 말라 죽은 나무와 같다고 말할 수도 있을 것이다. 그러나 영혼은 보려 해도 볼 수 없고 들으려 해도 들을 수 없는 것이다. 그런데 어떻게 내 영혼이 다 타 버린 재와 같다고 단정할 수 있단 말이냐? 너는 아마도 귓가로 직접 들리는 사람의 소리나 땅의 소리는 들을 수도 있을 것이다. 그러나 소리 없는 소리인 하늘의 소리는 절대 들을 수 없을 것이다. 너는 말라 죽은 나무와 같은 내 육신만 보고 그것을 근거로 내 영혼이 다 타 버린 재와 같다고 여겼으니 이는 비약이고 결국 잘못된 결론에 도달하게 되었다. 형체가 있는 귀와 눈은 단지 직접 소리 내는 사람의 소리와 땅의 소리만 들을 수 있을 뿐이다. 오로지 형체가 없는 영혼만이 소리 없는 소리인 하늘의 소리를 들을 수 있는 것이다."

스승이 말하려 한 것은 내가 나를 잊어 버리는 오상아 공부다. 이 경지를 표면적으로 보면 형체가 진짜 말라 죽은 나무처럼 보인다. 하지만 심층적으로 보면 영혼이 재같이 사라진 것이 아니다. 영혼의 존재인 '나[吾]'가 육체로서의 '나[我]'를 풀어헤치고 텅 비고 고요한 상태로 되돌아가 무한한 생기를 간직한 다음 끝없는 영감과 창조성을 발휘할 수 있는 경지를 이룰 수 있게 된다. 이는 방을 비우면 햇살이 가득 차게 되는 '허실생백(虛室生白)'의 경지인데 어찌 영혼이 타고 남은 재와 같다고 묘사할 수 있단 말인가?

장자는 뭇 구멍이나 피리가 스스로 소리를 내는 것임을 아는 데도 불구하고 '소리를 내뿜는 것이 누구인가!?'라는 물음을 통해 '하늘의 소리'라는 비유를 끄집어내었다. 모든 구멍에서 내뿜는 대지의 교향곡을 배후에서 지휘하는 자가 누구일까? 이 근원적인 물음 두 가지 의미를 내포한다. 첫 번째는 감탄의 의미로, 내뿜는 주체를 긍정하는 것이다. 다음은 의문 부호로서 소리를 내뿜는 주체의 자기 해체를 의미한다. 도는 텅 비어 있기 때문에 다들 스스로 소리를 내뿜을 수 있는 공간이 있게 된다. 이는 노자 『도덕경』 40장의 "천하 만물은 있음에서 나오고, 있음은 없음에서 나온다[萬物生於有, 有生於無]."는 말과 일맥상통한다. 감탄으로서의 '소리를 내뿜는 것은 누구인가!'는 도의 '있음[有]'에 해당하고, 물음으로서의 '소리를 내뿜는 것은 누구인가?'는 도의 '없음[無]'에 해당한다. 천도는 있음이기도 하고 없음이기도 한 '현(玄)'에 의거하여 오묘하게 만물을 창조한다. 이러한 만물 창조는 창조 아닌 창조[不生之生]이고, 이러한 만물 주재 또한 주재 아닌 주재[不主之主]다.

이 세상 리더들이 내뿜는 배역을 연기할 때 '그 주체가 누구인가?' 라는 물음을 던질 줄 아는 수양 공부를 잊지 말고, 감탄사를 의문사로 바꾸어서 자아를 해체하는 가운데 모두 스스로 내뿜을 수 있는 공간을 만들어 주기를 희망한다. 그렇게 되었을 때 누구든 자신의 소리를 내면서 조화롭게 살아갈 수 있지 않겠는가!

5. —
장주는 여전히 장주다

어느 날 밤, 잠자던 장자는 꿈속에서 나비로 변하였다. 나비는 꽃과 꽃 사이, 풀과 풀 사이를 마음 내키는 대로 신나게 날아다녔다. 환희와 자유를 누리는 가운데 원래 장주라고 불리던 그 사람을 잊었다. 얼마 지나지 않아 꿈에서 깨어났고, 별안간 자신이 본래 장주라고 불리던 사람임을 발견하였다. 이 순간 장자의 마음속에 홀연히 물음표가 번뜩 떠올랐다. 방금 장주가 꿈속에서 나비로 변했던가? 아니면 나비가 지금 꿈속에서 장주로 변한 것인가? 인생에서 도대체 어떤 부분이 꿈에 속하는가? 꿈과 생시가 정말 그렇게 분명하게 나누어진단 말인가?

문학가로서의 장자라면, 이 우화는 마땅히 아름다운 마무리로 끝맺음될 것이다. '호접몽'이라 불리는 이 우화는 곱씹으면 곱씹을수록 음미할 거리가 끝없이 이어진다. 너와 나의 경계를 잊고 하나가 되기 때문이다. 그러나 장자는 철학자이다. 따라서 궁극적인 존재를 향해 가면서 삶의 궁극적인 의미에 대해 성찰해야만 한다. 결국 장자는 "장주와 나비는 분명 다르다. 이를 일러 물화(物化 : 형체의 변환)라고 한다."는 결론에 도달하였다.

장주가 꿈속에서 나비로 변하였든 나비가 장주로 변하였든 상관없이 인생은 거기에서 멈출 수 없다. 왜냐하면 전경이 아무리 즐겁고 내 뜻대로 된다 한들 여전히 환상일 뿐 진실은 아니기 때문이다. 장주든 나비든 결국에는 꿈에서 깨어 현실 세계로 돌아와야만 한다. 따라서 장주와 나비는 반드시 각각의 본분이 있어야만 한다. 즉 장주는 여전히 돌아와 장주로 살아야 하고 나비는 여전히 나비로 돌아와 살아야만 한다. 이러한 변환을 장자는 '물화(物化)'라고 하였다.

이 우화는 세 단계로 진전된다. 첫째, 장주는 장주고 나비는 나비다. 둘째, 장주는 장주가 아니고 나비는 나비가 아니다. 장주가 나비일 수 있고 나비도 장주일 수 있다. 셋째, 장주는 여전히 장주이고 나비는 여전히 나비다. 이 단계의 변환에서 관건은 '물(物)'에 있다. '물'은 형체요 물욕을 가리킨다. 제일 아래층은 깨어 있는 상태로서, 심령이 형체에 구속되고 물욕에 의해 방해받는 단계이다. 다음 층은 꿈꾸는 상태로서, 심령이 형체의 구속과 물욕의 방해로부터 풀려난 단계이다. 그러므로 장주는 나비처럼 화원을 자유롭게 날아다닐 수 있었던 것이다. 나비가 장주가 되는 꿈을 꾸어도 마찬가지일 것이다. 제일 위층은 크게 깨달은 상태이다. 이 단계에 이르면 심령이 형체를 초탈하지만 동시에 형체 안으로 되돌아간다. 이때에 이르면 심령은 이미 철저하게 해방되어 형체가 더 이상 구속이나 장애가 될 수 없고, 곧장 모든 변화와 오묘하게 하나가 된다.

이렇기 때문에 '물화'라는 말에는 두 가지 뜻이 담겨 있다. 우선 형체와 물욕의 구속에서 풀려나는 것이고, 다음으로 심령이 해방되어 천지의 변화와 하나가 되는 것이다. 비록 이렇게 형체와 물욕의 경계가 해소되어 세상의 변화와 하나가 되기는 하였지만, 본래 자유로워서 장주는 여전히 장주이고 나비는 여전히 나비인 것이다.

장주의 호접몽은 청원유신 선사가 말한 생명의 삼중 경지의 전형일 수 있다. 첫 번째는 "이 노승이 30년 전 참선을 하기 이전에는 '산은 산이고 물은 물인 것[山是山 水是水]'으로 보였다."라고 하였는데, 이는 장주는 장주이고 나비는 나비라는 단계와 같다. 다음으로 "그러던 것이 그 뒤 어진 스님을 만나 깨침의 문턱에 들어서고 보니, 이제 '산은 산이 아니고 물은 물이 아니더라.[山不是山 水不是水]'"라고 하였는데, 이는 장주가 꿈속에서 나비로 변했는지, 나비가 장주로 변했는지 알 수 없는 경지와 다르지 않다.

마지막으로 "마침내 진실로 깨치고 보니, '산은 역시 산이고, 물은 역시 물이더라.[山祇是山 水祇是水]'"라는 경지인데, 이는 '장주와 나비는 분명 다르다.'는 말과 너무도 잘 맞아떨어진다. 관건은 여전히 산은 산이 아니고 물은 물이 아니게 보이는 물화(物化) 공부에 있다. 사실 공부는 마음으로 하는 것이다. 무심(無心)과 무지(無知)로 심과 지의 집착과 인위적 조작을 풀어헤치고 '내가 나를 잊는 오상아'의 수양 공부가 필요하다. 「제물론」은 나를 잊는 상아(喪我)에서 시작하여 물화(物化)로 끝맺는다. 이를 통하여 만물 평등의 이론적 근거가 주체의 집착함도 없고 차별함도 없는 수양 공부에 있음을 보여준다.

우리가 평상심으로 삶을 해석하자면, 첫 번째 관문의 '장주는 장주'인 단계는 시골 촌부의 소박함에 비유할 수 있고, 세 번째 관문의 '장주는 여전히 장주'인 단계는 전원시인 도연명의 경지라 할 수 있다. 둘 사이에 있는 관문은 쌀 다섯 말에 허리를 꺾지 않고, 관직을 버리고 깨달음을 얻으려고 떠나는 단계인데, 이것이 이른바 '물화'로서, 명예와 권세에 대한 탐닉과 집착에서 벗어나 스스로 자연과 어우러져 사는 경지에 오르는 것이다.

6. —
그림자의 그림자와 그림자의 대화

『장자』「제물론」에 망양(罔兩)이 그림자에게 묻는 짧은 우화가 나온다. 주인공인 '망양'은 그림자의 그림자인데 자신을 있게 해 주는 그림자와 삶에 대한 빼어난 대화를 전개한다.

그림자의 그림자가 그림자에게 물었다. "조금 전에 당신은 걷고 있었는데 지금은 갑자기 멈춰 서고, 조금 전에는 잘 앉아 있다가 지금은 갑자기 일어섰네요. 당신은 어떻게 사람이면 마땅히 지녀야 하는 지조가 없나요?" '그림자의 그림자'는 '그림자'가 달고 온 존재로서 그림자의 제곱이다. '그림자' 만으로도 망연하기에 충분한데 하물며 망연함이 배가 되는 '그림자의 그림자'라니!

그림자는 돌연 걷거나 멈추고, 혹은 앉았다가 돌연히 서는 등 행동거지에 일관성이 없는데, 그림자의 그림자도 즉각 따라하게 된다. 그림자는 절대 신호를 주는 일이 없이 그림자의 그림자로 하여금 언제나 끌려다니게 되는 곤경에 처하게 하기 때문에 엄중하게 항의한 것이다.

그림자는 대답한다. "나를 탓하지 마오. 나도 누군가에게 기대어 살기 때문에 그렇소이다. 그렇다고 그 사람을 탓하지도 마오. 그의 처지도 나와 다를 바 없소이다. 내가 기대어 살고 있는 그 사람도 벗겨진 뱀의 허물이나 매미 허물처럼 껍데기에 불과할 뿐이오. 그 사람인들 어쩌다 이렇게 되었는지, 어찌해야 되는지 알 수 있겠소이까!"

장자는 그림자의 그림자와 그림자 사이의 대화를 이렇게 끝맺음하면서 우리에게 성찰의 여지를 남겨 준다. 그림자의 그림자는 그림자에게 끌려 다니고, 그림자는 또 다른 형체에 의해 끌려 다니게 된다. 그림자는 영원히 형체를 벗어날 수 없는 것이기에 자신을 위해 변호하고 나아가 자신이 매여 사는 형체를 위해 변호한다. 형체 또한 자유로울 수 없고 여전히 다른 주인에 기대어 사는 것이라고. 형체는 그 사람의 표피에 불과할 뿐이므로 근본적으로 삶의 방향과 존재 양태를 결정할 수 없다고 변호한다.

저 부르면 나오는 주인은 다름 아닌 '심(心)'이며, 장자의 표현을 빌리자면 진군(眞君), 즉 진짜 주체가 될 수 있는 사람이다. 장자는 그림자의 그림자의 물음을 통하여 그림자를 불러내었고, 다시 그림자를 통하여 형체를 불러내었으며, 궁극적으로는 '심'을 드러내었다. 심은 무형의 나 자신이며 참된 나이다. 이는 사람의 소리와 대지의 소리는 소리 있는 소리인데, 그 근원은 소리 없는 소리인 하늘의 소리인 것과 같은 이치다.

사실 대중매체와 인터넷이 장악하고 있는 현대사회가 바로 장자가 말한 망양(罔兩)이다. 인간의 존재 양태가 어찌 둘에서 그치겠는가. '망만(罔萬)'이라 해야 하나, 아니 그 이상일 것이다. 현대사회는 정보망이 천지를 망라하여 없는 곳이 없다. 이제 우리는 더 이상 자신의 주인일 수 없고, 다만 저 거대한 매체들에 의해 끌려다니는 수많은 형태의 그림자에 불과할 뿐이다. 모두가 무엇인가에 의지해야만 살 수 있는 존재가 되고 말았다. 바람을 잡고 그림자를 붙들게 되는 허황된 상황이 연출된다. 그림자와 형체가 서로 다투는 해괴한 상황에서 벗어나는 길은 '기댐 없음[無待]'일 뿐이다. 어리석게 무한정 기다리지 말고 무엇엔가 의지해야만 살아갈 수 있는 존재로부터 분연히 떨쳐 일어나 자아로 돌아와 '진군(眞君)'을 찾은 다음 참된 삶을 살아야만 한다. 언제까지 문명의 그림자와 과학기술의 환영 속에서 망연히 일생을 허비해야 하나?

7. —
양생(養生)의 길은 양심(養心)에 있다

이제 시골에서도 더 이상 삶의 무게를 온전히 안고 살지 않고 점차 한가로이 섭생을 논하며 살아간다. 정좌를 하기도 하고 기공이나 태극권을 연마하기도 하며 자연식을 하는 등 건강을 위한 길로 나아가고 있다.

사실 사람은 세 가지 신분을 지닌다. 첫째는 자연인 신분이고, 다음으로 사회인 신분이며, 나아가 인문학적 마음의 소유자 신분이다. 따라서 섭생의 길도 세 가지 차원으로 나누어 보아야 마땅하다. 『장자』 「양생주」는 두 가지 양생의 길을 제시한다. 첫째는 양생의 주요 원칙을 의미하는데, 이는 양생의 도의 주요 원칙에 관한 물음이다. 둘째는 생명의 주체를 기르는 것을 의미하는데, 여기에서는 양생이 삶의 주체를 함양하는 것임을 강조한다. 전자의 의미로서의 양생은 형체를 보양하는 데에서만 그치고, 후자의 의미로서의 양생은 마음을 보양하는 데에 중점을 둔다. 이 둘을 통합해야만 참된 양생의 도가 될 수 있다.

장자는 "몸을 온전히 할 수 있고, 생명을 보전할 수 있으며, 양친을 봉양할 수 있고, 천수를 누릴 수 있다[可以保身, 可以全生, 可以養親, 可以盡年]."고 하였다. 보신(保身)은 있는 그대로의 형체의 영양을 보존하는 것을 의미하고, 전생(全生)은 인격체의 교양을 갖추는 것을 의미한다. 그리고 양친(養親)은 천도의 인문학적 함양으로 회귀함을 의미하는 것으로 이는 노자의 '삶의 근본을 귀하게 여긴다[貴食母].'는 말과 같다. 즉 도의 원천에서 생명의 감로수를 마시는 것에 비유할 수 있다. 마지막으로 진년(盡年)은 이 세 가지를 통괄한다.

그러므로 이른바 '양(養)'이라는 말은 자연물의 차원에서 말하자면 영양을 의미하는데, 세속에서 열광하는 웰빙은 육신의 보양 차원에만 머물러서 사회인으로서의 교양이나 인문학적 마음의 함양은 무시하고 산다. 그 결과 인간관계는 개선되지 않고 영혼은 여전히 궁핍한 채 살게 된다.

진정한 영양제는 각양각색의 비타민류가 아니고 사람들이 서로 발산하는 빛이다. 다정다감함과 우의, 도의적인 것들이 여기저기 따스하게 스며들면서 각자의 삶에 새로운 창조력을 발휘할 수 있도록 해야 한다. 가장 높은 단계의 양생은 심령의 정감과 이상을 함양함에 있다. 최고의 이상과 감성은 우리 삶에 빛을 발하고 열정을 불러일으키고, 신비스럽고 매력적이며 친화력과 감동을 준다.

양생의 도는 인문학적 마음의 함양에서 출발한다. 이상과 의지가 사회인으로서의 교양 속에 스며들고, 가족 간의 사랑과 친구 간의 우의, 지인들에 대한 도의의 수양과 실천은 내 마음을 편안하게 안정시켜 주고 기개를 드높여 준다. 이러한 경지가 자연인으로서의 가장 아름다운 보양이다. 이렇게 되면 비록 허름한 밥상일지라도 즐거움이 그 안에 있지 않겠는가!

맹자는 "큰 몸을 기르면 큰 사람이 되고, 작은 몸만 기르면 소인배가 된다."라고 하였다. 큰 몸[大體]은 인문학적 마음의 양심과 천리이고, 작은 몸[小體]은 자연물로서의 형체의 물질적 욕망이다. 마음으로 말을 알 수 있고, 마음으로 기를 기를 수 있다. 말을 안다 함[知言]은 옳고 그름을 판별할 수 있다는 뜻이고, 기를 기른다 함[養氣]은 인간으로서의 도리를 담당할 수 있음을 의미한다. 이를 그대로 실천하면 생명의 호연지기가 천지와 더불어 흐를 것이다.

공자는 "끼니마저 잊을 정도로 학문에 정진하였고, 학문함의 즐거움에 모든 근심을 잊을 수 있었으며, 늙는다는 사실조차 알지 못하였다."라고 자신에 대해 말하였다. 인생은 가까운 곳에서 출발하여 높은 곳으로 올라가는 여정이다. 높이 올라 느끼는 희열이 현실의 번뇌를 대신한다면 '늙음'은 이미 멀리 사라지고 없을 것이니, 이것이 바로 최고의 양생법이 아니겠는가?

8. —
소를 해체하는 길은 자신을 해체함에 있다

『장자』「양생주」에 포정(庖丁; 주방장)이 소를 해체하는 우화가 나온다. 「양생주」는 포정이 문혜군(文惠君) 면전에서 소를 해체하는 공력을 펼치면서 일어난 일을 이야기하고 있다. '군자는 부엌을 멀리한다.' 는 유가적 가치에 따르면 한 부엌데기 남자가 임금의 면전에서 피비린내 나는 소의 도살 과정을 연출하는 장면은 원칙적으로 불경한 행위요 상식에 맞지 않는 짓이다. 아마도 여기에 나오는 포정은 전설적인 인물로서, 소를 해체하는 공부가 예술의 경지에 올랐고, 그런 연유로 마치 작품 전시회를 열듯 임금의 면전에서 행위 예술을 하듯 소를 해체하는 장면을 펼치게 되었을 것이다.

임금만을 위한 단독 공연과 같은 행위에서 포정은 춤 동작과 음악적 리듬으로 피도 흘리지 않고 고통도 주지 않으면서 소를 해체하는 임무를 완수하였다. 임금은 "일개 소를 해체하는 공부가 어찌 이리도 높은 경지에 오를 수 있단 말인가!"라며 찬탄하였다. 그러자 포정은 "제가 일생을 찾아 헤맨 것은 도의 실현에 있었습니다. 그러다 보니 기술을 초월하여 이렇게 예술의 경지에까지 오르게 되었습니다."
라고 화답하였다.

포정은 지금의 경지에 이르기까지 소를 해체해 온 과정을 세 단계로 설명하였다. 첫 번째는 눈으로 보는 단계이고, 다음은 지성으로 보는 단계이며, 최후에는 영혼으로 만나는 단계이다. 육신의 눈으로 볼 수 있는 것은 피와 살로 이루어진 소의 형체이고, 지성의 눈으로 볼 수 있는 것은 소의 골절과 구조이며, 하늘의 눈인 영혼으로 볼 수 있는 것은 소의 운치와 풍채이다. 눈으로 보면 소의 물질적 구조에서 멈추게 되고, 지식으로 바라보면 실용적인 가치에 갇혀서 심령적 측면을 막게 된다. 영혼으로 바라보면 소의 정신적 풍모가 물질에서 해방되어 소 자체의 미학과 자유로움이 현현하게 될 것이다.

장자는 이 우화에서 소를 해체하는 칼날로 인간의 정신적 자아를 비유하였고, 소의 몸 조직의 간극을 통해 세상살이의 번잡함을 비유하였다. 이 세상은 황소의 조직처럼 복잡하다. 소를 해체하면서 칼날을 이리저리 놀리다 보면 온몸이 피투성이가 된 채 죽어 간다. 사람사는 이치도 마찬가지로 이런 저런 칼날 아래 좌절하고 고통 받게 된다. 장자는 소의 해체를 도살이라 말하지 않는다. 소의 자연적인 조직에 따라 칼날을 놀릴 뿐이다. 날이 없으면 그만이다. 뼈와 살 사이의 빈 공간을 찾아 춤추듯 움직이면 소는 마치 먼지가 하늘을 날나 사뿐히 땅에 떨어지듯 해체된다. 마찬가지로 이 세상의 명예와 권세에 얽힌 곤경도 집착을 없애고 자아를 해체하는 가운데 저절로 사라질 것이다.

이러한 원리는 '날 없는 칼을 틈새에 들이댐'에 있다. 날 없는 칼이라면 아무리 작은 공간이라도 춤추고도 남음이 있다. 장자는 소의 해체를 통하여 자아 해체의 길로 인도한다. 이 세상이 살기 어지러운 것은 내 마음이 복잡하기 때문이다. '알아야 할 것이 끝없다.'고 하였다. 집착이 너무 많기 때문에 자기중심적이 되고 자아가 팽창하여 타인과의 균열이 생기게 된다. 우리 모두 각자의 칼날을 거둔다면 이 세상을 자유자재로 노닐 수 있을 것이다.

정치권을 보라. 너 나 할 것 없이 커다란 칼날을 휘두르며 공동체를 난도질하고 있지 않는가? 정경유착의 검은 칼날이 앞다투어 모두의 이익을 앗아가면서도 부끄러움도 모른 채 아무 거리낌 없이 춤추고 있지 않은가? 노자는 "백성이 위엄을 두려워하지 않는다면 큰 위험이 닥칠 것이다."라고 하였다. 백성들이 더 이상 권위적 통치를 두려워하지 않게 되면, 민의가 홍수처럼 넘쳐흘러 그 무엇으로도 막을 수 없을 때이다. 노자는 "신의가 부족하기 때문에 불신이 생긴다."라고 하였다. 정부의 신의가 부족하면 국민들이 믿지 못하게 되고 결국 공권력의 붕괴로 이어지게 된다. 소를 해체하는 길은 자기 자신을 해체함에 있다는 사실을 잊지 말자!

9. —
신령한 나무는 쓸모가 없다

타이완 과학계의 거목 리웬쩌 선생이 과학 캠프에 참가한 교사와 학생들에게 자신의 캠프 운영 방침에 대해 다음과 같이 말했다.

"모든 참가자들과 함께하겠다. 꼴찌라고 해도 포기하지 않겠다. 아무리 부족한 학생이라도 그에 걸맞은 방법이 있을 것이다. 자신만의 것을 찾아 노력한다면 사회에 기여할 수 있는 인재가 될 것이다."

그는 과거 중앙연구원 학자들과 함께 대설산에 트래킹 가서 겪은 일을 들려주었다. 산길을 걷던 중 누군가가 말했다. "저 커다란 나무는 무슨 연유로 신목(神木)이 되었을까?" 안내하던 공무원이 낮은 목소리로 대답했다. "곧고 튼실하게 자란 나무는 다 잘려 나가고, 이리저리 휘고 터져 사람들에게 쓸모없다고 버림받은 나무가 오래오래 살면서 신목(神木)이 되었답니다."

리웬쩌 선생은 이렇게 아무 쓸모없던 나무가 최후에는 사람들의 추앙의 대상인 신령스러운 나무가 되었듯, 아무리 쓸모없이 여겨지는 사람이라도 쓰임새가 있기 마련이라고 하였다. "쓸모없음의 쓰임새가 큰 쓰임새가 된다."는 장자의 말과 너무도 잘 맞아떨어진다.

『장자』「인간세」에 다음과 같은 우화가 나온다. 한 대목장이 제자들과 재목을 물색하던 중 어느 사원 앞에 있는 상수리나무를 발견하였다. 나무 그늘 아래 수천 마리 소가 쉴 수 있고, 백 여 명이 한 아름씩 팔을 뻗어야 다 두를 수 있었다. 게다가 우뚝 솟은 것이 뒤의 산보다 높고 십여 척의 배를 만들고도 남을 크기였다. 이에 늘 구경꾼들로 북적였다. 오로지 대목장만은 쳐다보지도 않고 고개를 획 돌려 길을 재촉하였다. 눈요기에 빠졌던 제자들이 쫓아가서는 이해할 수 없다는 듯 물었다. "스승님을 따라 공부한 이래 이렇게 아름다운 나무는 본 적이 없습니다. 그런데 스승님께서는 본체만체 그냥 지나쳐 버리시니 그 연유를 모르겠습니다." 스승이 대답한다. "쓸모없는 나무다. 배를 만들면 금방 가라앉고 널을 만들면 쉬 썩으며, 그릇을 만들면 부서지고 문짝을 짜면 진이 배어 나오고, 기둥으로 세우면 좀이 생길 것이다. 이렇듯 아무 쓸모없기 때문에 장수하고 있는 것이다."

그날 밤 상수리나무가 대목장의 꿈에 나타나 항의한다. "그대는 내가 세속에 의해 손상되는 좋은 재질의 나무이길 원하는가? 결실을 맺으면 가지마다 잘려서 저들 집의 장식이 되는 고난을 견뎌야만 한단 말인가? 오랫동안 나는 스스로를 감추고 아무 쓸모없는 존재로 살아왔기 때문에 도끼날을 피할 수 있었다네. 일찍이 나의 재질을 뽐내며 살았다면 이렇게 크게 될 수가 있었겠는가? 내가 보기에는 그대가 쓸모없는 사람일세 그려. 그대가 어찌 수행의 결과 이렇게 쓸모없는 나무가 된 것을 이해할 수 있겠는가?"

이튿날 잠에서 깬 대목장이 제자들에게 꿈 이야기를 들려주었다. 그러자 한 제자가 물었다. "그렇게 자신을 감추고 쓸모없기 위한 수행을 하였다면 그만이지, 왜 고독을 견디지 못하고 몸을 사원에 기탁하고 있답니까?" 스승이 황급히 답한다. "그 입 다물라. 사원에 뿌리를 내린 까닭은 저를 이해하지 못하는 사람들의 비난을 통하여 쓸모없음의 쓰임새를 드러내려 함에 있다. 그 나무가 사원에 있지 않고 다른 곳에 있다 한들 베어 없어졌겠느냐?" 알고 보니 그 신령스러운 나무의 쓸모없음은 사실 묘사가 아니라 수양 공부에 관한 것이었다. '무용(無用)'에서 무(無)는 동사로 쓰여, 세속의 쓰임새를 없애야만 비로소 신성한 쓰임새를 이룰 수 있다는 의미이다. 또한 인위적인 쓰임새를 없애야만 비로소 있는 그대로의 쓰임새로 돌아갈 수 있고, 유행을 좇는 쓰임새를 없애야만 비로소 자신의 이상적인 쓰임새를 보존할 수 있다. 쓸모없음의 쓰임새가 참 생명 자체의 큰 쓰임새다.

교육의 이념은 학력 지상주의와 성적 지상주의라는 감옥을 깨뜨리는 것에서 출발하여야 한다. 삶의 길에서 공리주의와 실용주의라는 얕은 이익에서 멀어져야만 교육 자체의 이상과 생명 자체의 가치가 실현될 것이다. 신령스러운 나무의 쓸모없음은 하늘로부터 내려온 기적이 아니다. 그것은 수양을 통해 나온 참된 결실이다.

10. —
누가 공자를 구할 수 있단 말인가?

『장자』「덕충부」』에 발가락이 없는 숙산무지라는 사람이 공자를 만난 우화가 나온다. 노자 『도덕경』에서 "도는 숨어서 이름이 없다[道隱無名]." 하였듯, 도가 사람들은 자신을 숨기는 일에 힘쓴다. 숙산에서 온 발가락이 잘린 무지라는 인물이 자신의 처지를 얘기하여 수양의 결과를 공자에게 인정받고 내심의 상처를 극복하려고 종종걸음으로 공자를 찾아왔다.

마침내 얼굴을 맞댄 두 사람, 공자는 연민에 가득 찬 얼굴로 애처로워하며 말하였다. "그대는 근신하지 않아서 죄를 범하여 이렇게 발가락이 잘리는 형벌을 당하고 말았소. 그대가 이렇게 힘들게 나를 찾아왔지만 이미 너무 늦은 것 아닌지요?"

이 말은 공자의 내면에서 나오는 비통함의 발로이고 바로 유학자의 본 모습이다. 그러나 공자에게 새로운 평가를 받기 원했던 무지의 입장에서 보자면 이는 자신을 두 번 죽이는 말이었다. 그래서 항의한다. "내 일찍이 내 할 일을 제대로 알지 못하고 몸을 함부로 놀리다가 형벌을 받아 발가락이 잘려 이 모양 이 꼴이 되었소이다. 그렇지만 지금 내가 당신에게 온 것은 아직도 다리보다 귀중한 것이 남아 있기 때문이오이다. 그래서 그것을 온전히 지니고자 함이오. 하늘은 모든 것을 덮어 주고 땅은 모든 것을 실어 주고 있소이다. 나는 당신을 하늘과 땅처럼 여겼소이다. 그런데 그대는 어찌하여 세속의 눈으로 나를 비난하나이까?"

무지는 오랜 기간 수행을 거친 끝에 겨우 아픔을 잊고 새로운 모습으로 공자를 배알하였건만, 공자의 동정어린 위로에서 오히려 과거의 아픔이 되살아나다니. 내가 잊은 것을 그대는 다시 되살리라 하는가! 이 세상 어디에도 정말 도피처가 없단 말인가?

공자는 무지의 책망을 듣고 바로 사과하였다. "제가 고루하였소이다. 들어오셔서 깨달은 바를 말해 보시오!" 그러나 무지는 거절하고 떠나 버렸다. 공자는 느낀 바를 제자들에게 말하였다. "그대들은 힘써 공부해야 한다. 무지는 다리가 성치 못한데도 배움에 힘써 과거의 잘못을 바로잡으려 하는데, 하물며 그대들은 온전한 몸을 가지고 있지 않은가?"

천하가 비록 넓다 하나 유가의 성인인 공자를 제외하고 무지가 의탁할 곳은 오직 한 사람 도가의 성인 노자뿐이었다. 무지는 노자를 만나자마자 큰 소리로 말하였다. "내 보기에 공자가 지인(至人)의 경지까지 오르기는 한참 멀더이다. 그런데도 공자가 당신과 어깨를 견

준다 하다니요. 명성이 그렇게 높은 자가, 지인에게는 명성이 오히려 자신을 구속하는 질곡이라는 점을 알지 못하다니요?"

노자가 답한다. "그렇다면 우리가 구해 줍시다. 그대는 어찌하여 삶과 죽음을 가르고 옳고 그름을 갈라 한쪽에 집착하는 공자를 풀어 주지 않은 게요! 질곡을 풀어 주면 되지 않겠소?"

대화가 점입가경이다. 무지는 아픈 영혼의 소유자다. 공자의 동정을 견디지 못하고 다시 노자를 찾아 넌지시 도발을 유도한다. 노자는 큰 스승이다. 무지의 불만어린 어투를 보고 고의로 격동한다. 그대가 공자를 폄훼했으니 직접 구해 보라고. 결과는 대성공, 무지의 깨달음을 이끌어 내었다. 무지가 의미심장하게 말하였다. "하늘이 내린 형벌인데 어떻게 풀어 줄 수 있단 말입니까?"

공자는 일생을 올곧게 살아왔다. 막중한 임무에 갈 길은 먼 책임감이 삶의 질곡일 수도 있다. 그러나 그것은 날 때부터 하늘이 준 소명이어서 풀어 버릴 수도 없거니와 풀어 버릴 필요도 없다.

"누가 공자를 구할 수 있단 말인가?" 무지는 이 한 마디로 그 자리에서 깨달아 해탈할 수 있었다. 평생을 함께한 아픔이 사라졌다.

장자는 참말로 대문호요 대철학자다. 공자와 노자와 무지를 한 무대에 올리는 지혜의 극치를 보여주었다. 무지를 교량으로 삼아 도가와 유가의 절묘한 화해를 이끌어 내었다. 이래야만 공자와 노자가 영원히 함께할 수 있지 않을까!

11. —
그대는 어찌하여 다리가 하나 더 많은가?

인생은 사람으로서 이 세상을 살아가는 것이다. 세상과 소통하면서 각자 자신만의 시비호오(是非好惡)의 척도로 스스로를 지키고 타인을 재단하며 살아간다. 하지만 성공이든 실패든 모두 자신에게 달려 있다. 그러니 영웅 흉내는 그만 내고 자기 분수대로 살아야 한다. 득의양양하게 뽐내면서 살다 보면 타인들에게 상처를 주고, 결국 자신의 고통으로 되돌아올 것이다.

『장자』「덕충부」에 정나라의 재상인 자산(子產)과 한쪽 다리가 잘린 신도가(申徒嘉)가 함께 백혼무인(伯昏無人)의 문하생이 되어 수련하는 장면이 나온다.

어느 날 자산이 신도가와의 경계를 분명히 하려고 말한다. "잠깐만 앉아 있으시오. 내가 먼저 가겠소이다. 아니면 당신이 먼저 가시던가, 내 잠시 머물 테니." 어쨌든 함께하기 싫다는 표시다. 그러나 신도가는 아무 일 없다는 듯 여전히 동석하여 거동을 함께하였다. 이에 자산은 다시 한 번 다짐을 받는다. "내 그대에게 선택하라 하지 않았던가? 먼저 나가든지 아니면 내가 나간 뒤에 나오든지. 이번에는 내가 먼저 나갈 테니 그대는 기다렸다 나오시오. 싫소이까? 그대는 일국의 재상을 보고도 피하지 않는구려. 그대가 재상인 나와 동격이라고 생각하는가?"

신도가가 대답한다. "스승의 문하에 당신처럼 오만방자한 관리가 있던가요? 권세를 너무 뽐내지 마시오. 다른 사람들을 얕보지 말란 말이오. … 스승님께 무릎을 꿇고 배움을 청하는 주제에 이렇게 무례하게 굴다니 지나치단 생각이 들지 않소?" 자산이 반격한다. "그대 꼴을 좀 보고 말하시오. 죄를 져서 한쪽 다리가 잘린 주제에 창피한 줄도 모르고 요임금, 순임금을 들먹이다니. 먼저 자신을 돌아보고 반성하시오. 반성을."

두 사람은 냉랭해져서 동문수학하던 정마저 모두 사라졌다. 신도가는 하릴없이 삶의 곤혹함을 성찰할 수밖에 없었다. "난세에 태어나 명사수의 과녁 처지가 되었으니, 쏘면 맞을 수밖에. 그 와중에 난을 피한 사람이 있다면 명이 좋은 게지! 이 난세에 살면서 권세의 박해를 받는다면 어쩔 도리가 없지. 어떻게 해도 피할 도리가 없다면 운명이라 받아들일 수밖에. 사람들의 멸시를 받으며 요 모양 요 꼴로 살던 내가 스승님 문하에서 비로소 비분강개한 원한을 벗어던질 수 있었는데. 19년 세월, 스승님은 내 한쪽 다리가 없다는 사실을 한 번도 드러낸 적이 없는데, 동문수학하는 그대는 어찌하여 내면을 보지 않고 겉모습만으로 나를 평가하는 겐가. 너무 지나치지 않은가?" 자산은 역시 현자였다. 바로 그 자리에서 사과한다. "잘 알겠소이다!"

자산이 비록 현자이긴 하지만 고관으로 오래 있다 보니 관료주의가 몸에 배어 권세의 높낮이로 동문을 바라보게 된 것이다. 신도가가 한쪽 다리가 잘린 것은 이유 여하를 막론하고 그에게는 일생의 좌절이다. 권세의 그물망이나 상해로부터 도피하지 못한다면, 신도가와 마찬가지로 마음 깊이 감추어 둔 말을 표현할밖에. "내 다리가 한쪽이 없는 것이 아니라, 그대 다리가 한쪽 더 많은 것이외다!"

권세에 취해 안하무인으로 사람들을 무시하는 종자들을 만나거든, 일생을 우울하게 살아간 신도가를 대신해 한마디 해 줍시다. "형씨! 그대는 어찌하여 우리보다 다리 한쪽이 더 많은 겐가!"

12. —
누군들 원망이 없으리오

『장자』「대종사」에서 여우(女偶)와 남백자규(南伯子葵)라는 사람의 대화를 통하여 고단할 수밖에 없는 세상살이를 보여준다. 여우는 백발에 동안의 얼굴을 하고 있는 부인으로 묘사된다. 이는 남백자규의 호기심을 불러일으켰고, 도대체 어떤 비방으로 늙음을 피할 수 있었냐는 물음으로 이어졌다.

여우의 대답은 간단명료하였다. "도를 들었기 때문이오." 남백자규가 되묻는다. "도가 배울 수 있는 것인가요?" 두 사람의 대화를 통하여 도를 듣는다는 것[聞道]은 도를 배우는 공부를 함축하고 있음을 볼 수 있다. 보고 듣는 것은 이론적 차원에서 머물 뿐이고 학습은 실천과 수양 공부를 통해 실행되는 것이다.

노자 『도덕경』에서 "최상의 선비가 도에 대해 들으면 부지런히 행한다. 중간 수준의 선비가 도에 대해 들으면 보존하는 것 같기도 하고 잃어버리는 것 같기도 하다. 수준이 낮은 선비가 도에 대해 들으면 크게 비웃는다. 그러니 비웃음을 당할 정도가 아니라면 도라고 할 수 없다."라고 하였다. 도를 체득한 선비가 상·중·하 구분이 생기는 것은 공부의 높낮이에 근거한다. 최상의 선비는 열심히 실천하고 수준이 낮은 선비는 아예 실천하지 않고, 그 중간에 위치한 선비는 그 사이를 오간다. 수준 높은 선비와 가까이 하면 공부가 보존되고 수준 낮은 선비와 가까이 하면 공부는 사라진다. 낮은 수준의 선비는 도를 들어도 실천하지 않을 뿐만 아니라 나아가 오히려 크게 비웃는 행태를 보인다. 그것은 도를 믿지 못하여 아무 쓸모없는 헛소리라 여기기 때문이다. 노자는 이런 사람들을 만나면 유머로 대답하며 마음속에서 끓어오르는 불만을 해소하였다.

공자는 『논어』 「학이」 첫머리에서 "배우고 때로 익히면 기쁘지 아니한가, 벗이 있어 먼 곳에서 찾아오니 즐겁지 아니한가, 남이 나를 알아주지 않아도 마음에 두지 않으니 군자가 아니겠는가?"라고 하였다. 공자와 노자는 수양 공부에 대한 깊은 체험에서 시공을 초월하여 상응한다. 배우고 때로 익힘과 부지런히 행함은 같은 수준의 공부이다. 벗이 있어 먼 곳에서 찾아옴과 수준에 따른 공부의 존망은 전환점이 될 수 있는 관건이다. 남이 알아주지 않아도 마음에 두지 않음과 비웃음을 당하지 않으면 도가 아니라고 여기는 관대함은 같은 수준의 경지라 할 수 있다.

남백자규의 도를 향한 마음은 이미 촉발되어, 실천에 옮긴다면 아마도 부지런히 공부하는 높은 수준의 선비가 될 것이다. 그러나 여우는 매정하게도 "아니오. 당신은 도를 배울 만한 사람이 못 됩니다." 라고 잘라 말한다. 천성적으로 자질이 부족하여 배워도 성취할 수 없다는 의미다.

여우의 마음속에 있는 이상적인 인물은 성인의 재능을 지닌 복양의(卜梁倚)라는 사람이었다. 여우가 알고 있는 성인의 도는 보편성을 지닌다. 모두에게 열려 있어서 누구든 도를 닦을 수 있다. 그러나 근원적인 문제 외에 완성이라는 문제가 도사리고 있다. 이는 각각의 자질과 근기에 관계한다. 재능은 지닐 수는 있어도 억지로 만들 수는 없다. 사람은 도를 찾고 도는 사람을 기다린다. 성인의 도와 성인의 자질이 상충될 때 원망이 나온다.

여우는 도를 닦는 사람이다. 그녀는 복양의와 나란히 하며 환상의 커플이 되고 싶었다. 그러나 여우는 "과연 그가 성인이 될 수 있을지 장담할 수 없었다."고 회상한다. 어쩌면 성인의 도를 고수하라는 가르침하에 수련하면 언젠가는 성인의 덕업을 완성해 낼 수 있을지도 모른다.

하지만 재능이 출중한 사람들 대부분이 자신의 재능만 믿고 오만하게 굴다 '도'에서 비껴 간다. 그러다 결국 버림받게 되니 어찌 원망이 없을 수 있겠는가?

13. —
요·순이 되려다 오히려 걸·주가 된다

수천 년간 이어져 온 유학 위주의 주류 문화 전통하에, 중국인들은 인생의 고난에 직면하면 정치적 해결의 길로 나아갔다. 그 결과 자신을 위한 퇴로를 남기지 못하여 천국도 없고 피안도 없이, 인생의 좋고 나쁨 모두를 현세에서 해결하고자 하였다.

정치를 통한 구원이라는 완벽한 전형은 안으로는 수양하여 성인의 인격을 갖추고 밖으로는 사회적 실천을 통해 이상을 실현함에 있다. 이 길을 공자의 해석에 의거해서 보면 "천하에 도가 있으면, 예악과 정벌이 천자로부터 나온다."는 말로 대표할 수 있다. 이 세상 모든 사람들은 성왕(聖王)의 교화하에 비로소 요순의 이상을 실현할 수 있다. 만약 제후들이 예악을 통한 교화를 거부한다면, 대동 사회라는 정치적 국면을 유지하기 위한 천자의 파병과 정벌은 필요할 뿐만 아니라 이치에 합당하다 할 수 있다.

그러나 이러한 설명에 대해 장자는 절실한 반성과 엄중한 물음을 던진다. 『장자』「제물론」에 요임금과 순임금의 대화가 나온다. 요임금이 천하에 군림하는 위세임에도 불구하고 작은 나라 세 곳을 정벌하려니 마음이 편치 않은 까닭을 모르겠다고 순임금에게 고한다. 그러자 순임금이 답한다. "그 세 나라는 변방 일각에 위치한 소국들로 마치 들에 핀 쑥과 같아서 대세에 아무 지장이 없고 대업에 방해됨도 없는데 당신은 어찌하여 그들을 그냥 두려 하지 않는가요?"

장자는 작은 세 나라는 세상과 다툴 의사가 없는데도 불구하고 그들을 그냥 둘 경우 요임금이 성왕이라는 자신의 미명에 누가 될까봐 치려 한다고 해석한다. 이는 이상 사회라는 명분의 집착이 야기하는 인위적 조작이라는 재앙에 대한 도가의 통절한 반성이다. 대동 사회의 이상을 실현한다는 명분하에 전쟁이라는 파괴의 수단을 이용한다면, 이는 목적을 위하여 수단을 정당화하는 것이다. 그러니 어찌 요·순 같은 성왕이 되려다가 오히려 걸·주 같은 폭군이 되는 꼴이 아니겠는가?

노자는 『도덕경』에서 "성스러움을 끊고 지혜로움을 버리면 백성들의 이익이 백배가 되고, 어짊을 끊고 의로움을 버리면 백성들이 효성과 자애를 회복한다."고 하였다. 집정자가 성인이나 지혜로운 자로 자처하지 않으면 백성들은 구원받을 복을 지니게 된다. 정치가가 자신을 어짊과 의로움의 화신이라고 여기지 않는다면 백성들에게 자유의 공간이 열린다. 성인군자라고 오만하게 굴고 어질고 의롭다고 고귀하게 굴면서 만백성들을 사랑한다고 떠벌리는 것은 천하를 해치는 행동이다.

알고 보니 걸·주의 인위적 조작은 요·순의 집착에서 나온 것이다. 성왕이 되겠다는 요임금과 순임금의 집착은 작위적 마음과 행동을 통하여 모든 사람들에게 자신의 교화를 받아들이라고 강요하게 된다. 받아들이지 않는다면 무력을 통한 정벌도 불사하겠단다. 이러한 인위적 조작이라는 강력한 수단은 바로 이상의 변이이고 사랑의 변질이다. 결국 요·순이 되려다 오히려 걸·주가 되고 만다.

장자는 이에 대해 「대종사」에서 "요임금을 칭송하고 걸임금을 비난하는 것은 둘 다 잊어버리고 도를 따라 하나되는 것만 못하다."라고 표현하였다. 요·순이 되려 하지 않는다면 걸·주가 되지 않을 것이다. 선과 악이라는 이분법적 집착에서 벗어나 있는 그대로의 화해의 세계로 회귀해야 한다.

14. —
도(道) 안에서 함께 만나고 함께 잊는다

또 한 해가 저문다. 한 친구가 병원에 입원했단다. 선배 하나는 이 세상을 떠났단다. 마음이 아프다. 삶과 죽음이 무엇인가? 슬픔과 기쁨 사이에서 흔들리는 것이 인생이란 말인가?

『장자』「대종사」에 다음과 같은 이야기가 나온다. 세 도인이 서로 벗이 되어 언제나 사심 없이 있는 그대로의 모습으로 함께 어울리며 서로를 위하고, 혼연일체가 되어 삶과 죽음의 경계마저도 잊고 살았다. 셋은 이심전심, 서로 웃으며 화답하며 최후의 그날을 기다렸다. 마침내 자상호(子桑戶)라는 친구가 세상을 떴다. 장례를 치르기 전 공자가 그들을 동정하여 제자인 자공(子貢)을 파견하여 장례를 돕도록 하였다. 도착한 자공이 본 풍경은 황당하게도 한 사람은 거문고를 켜고 다른 한 친구는 노래를 부르는 것 아닌가. "아이고, 상호야! 아이고 상호야! 그대는 본래의 자연으로 되돌아갔는데, 우리는 여전히 이 세상에 살고 있다니!"

이 얼마나 커다란 행운인가. 세 사람이 영혼의 이별을 고하자마자 자상호가 죽다니. 유감스러울 것도 없고 마음 아파할 필요도 없다. 마치 이 세상을 떠나 해탈한 사람들이 여전히 속세에 머무는 듯하다. 장례식은 더 이상 애도의 고별식이 아니라 연주하며 노래하는 환송회가 되었다.

자공은 이러한 풍경을 받아들일 수 없어서 질책한다. "친구는 관 속에 누워 있는데, 그대들은 친구 시신 앞에서 노래나 부르다니, 무례하기 그지없군요!" 두 사람은 서로 바라보고 미소 지으며 답한다. "당신, 예의가 뭔지 알기나 하는 거요?" 이 말에 자공은 고개를 획 돌려 돌아가서는 스승인 공자에게 고하였다. "저들은 도대체 어떤 사람들이기에 기존 규범을 다 깨뜨리고 삶과 죽음을 아무것도 아닌 것으로 여기는 겁니까?" 공자가 답한다. "저들은 속세를 떠나 자연에서 노니는 사람들이고, 나 공구는 현실 세계에서 생활하는 사람이다. 자연과 속세는 본래 서로 간섭함이 없는 세계다. 그런데도 내가 너를 보내 장례를 치러 주라 하다니, 내가 천박하게 굴었구나. 저들은 천지와 함께하며 자연의 조화와 더불어 살아가니 삶이 부담이고 죽음이 해탈이로구나. 몸은 껍데기일 뿐, 참 생명은 도에 귀의하여 살아가니 어찌 세속의 예의를 다하여 사람들에게 보여주려 하겠느냐!"

은둔자들에 대한 공자의 동정어린 이해와 긍정적인 평가를 접한 자공은 곤혹을 느낄 수밖에 없었다. 그래서 되묻는다. "만약 저 자연과 더불어 사는 사람들의 행동이 경의를 표할 만한 일이라면 선생님은 저희를 이끌고 어디로 가시렵니까?"

공자의 대답은 유가의 궁극적인 관심이었다. "나는 하늘의 죄인이다. 선택의 여지가 없다. 그러니 나나 너희들이나 당연히 속세에서 즐겨야만 한다."

자공이 묻는다. "세속에는 준수해야만 하는 세속의 질서가 있는 법인데 어떻게 즐긴단 말입니까?" 공자가 답한다. "물고기는 물속에서 서로 만나고 사람들은 도 안에서 서로 만난다. 물고기는 물에서 헤엄치기만 하면 충분한 양분을 섭취할 수 있다. 사람은 도에 따라 행동하면 인위적 조작이 필요 없이 저절로 안정될 수 있다. 그래서 '물고기는 강호에 놀면서 모든 것을 잊고, 사람은 도 가운데 모든 것을 잊는다.' 고 하였다."

물고기의 생명의 원천은 물에 있고, 인간의 생명의 원천은 도에 있다. 마르지 않는 원천이 있으므로 물고기들은 서로 물기를 적셔 주고 서로 물거품을 내 주는 일 없이 서로를 잊을 수 있다. 사람들도 서로를 놓아주기 때문에 내가 너를 구원하고 네가 나를 지켜줄 필요가 없는 것이다. 이것이 바로 서로가 서로를 잊는 근본이 바로 솟아오르는 원천의 도에 있다는 뜻이다. 속세에서 구르든 자연과 더불어 살든 상관없이 마음속에 도가 있어야 한다. 도가 모든 것이다. 모든 것이 도 안에 있다. 모든 것을 내려놓을 수 있으면 자유롭지 않겠는가! 태어난 이상 누구나 죽게 마련이다. 도가 그대 눈앞에 나타났는가?

15. —
삶과 죽음의 경계를 허물고 친구로 삼자

한 쌍의 청춘 남녀가 평생을 함께할 것을 약속했다. 그런데 생각지도 못하게 남자가 이를 뽑다가 세균 감염으로 갑자기 죽었다. 너무 갑작스러워서인가, 여자 친구는 감당 못하고 스스로 목숨을 끊고 뒤를 따랐다. 부모 마음은 이런가, 두 사람의 영혼결혼식을 통해 사랑을 완성시켜 주었다고 한다. 나를 놀라게 한 것은 '현대판 로미오와 줄리엣'이란 신문 표제였다. 그리고 정사(情死)라는 이름으로 아름답게 마무리하였다.

물론 진정한 사랑 없는 섹스가 범람하는 현시대의 풍속도에서 바라보면, 목숨 걸고 사랑을 지킨 아가씨의 사연은 상실의 시대에 삶과 죽음을 넘어서는 사랑이 존재함을 증명한다고 할 수 있다. 감동의 끝머리에 가슴 저린 물음표가 던져진다. 어떤 시대인데 정 때문에 홀로서기 하지 못하고 목숨을 끊을 결심을 했는가? 경의를 보내고 싶기도 하다. 그러나 마음 아픈 아름다운 이야기지만 무언가 어긋난 것은 아닌지! 현대판 로미오와 줄리엣이라니. 하나는 개인적 아픔 때문에 죽음으로 고통을 극복하려 한 것이고, 다른 하나는 두 가문의 원한을 풀기 위해 바친 목숨인데.

삶과 죽음은 막막하여 알 수 없는 것. 죽은 자는 그것으로 끝이라 할 수 있다지만, 남겨진 나는 사랑하는 사람을 잃은 슬픔을 견디기 힘들구나. 홀로 외로이 황천길을 걷는 고독하고 슬픈 모습을 떠올리면 어찌 함께 가고픈 생각이 들지 않겠는가? 이 삶과 죽음의 경계에서 가족이나 친구들이 함께 아픔을 나누었다면 어땠을까? 단지 한 남자의 여자라는 신분에 매몰되고 소외되어 마땅히 받아야 할 위안과 보호를 받지 못했던 건 아닌지.

견디기 힘들수록 달리 생각해 보아야 한다. 먼저 간 그 남자는 어떤 생각을 했을까? 그렇게도 사랑하는 사람인데. 당연히 살아남아 아름다운 삶을 영위하라 하지 않았겠는가! 애석하게도 남겨진 여자는 그 생각에 미치지 못하고 사랑을 쫓아 목숨을 바쳤구나.

『장자』「대종사」에서 네 명의 진인(眞人)이 세상 사람들을 향해 공동 선언문을 낭독한다.

"생사존망이 본디 하나라서 나뉠 수 없다는 사실을 깨달은 사람이라면 더불어 친구로 삼겠다."

본래 세상에서 공개적으로 친구를 구하는 데는 오직 한 가지 조건만 존재한다. 바로 삶과 죽음의 경계를 허물어 버린 사람이다. 만약 생사의 집착과 분별을 해소하지 못한 채 서로 친구가 된다면, 이 세상의 모든 사랑과 우정이 비극으로 끝나지 않는 경우가 없기 때문이다. 한쪽은 차마 떠나지 못하고 다른 한쪽은 차마 내려놓지 못한다면, 사랑이 어찌 아픔이 되지 않겠는가!

이 세상에 살면서 가족이든 친구든 살아 있을 때 이 점을 새겨야 한다. 그래야만 내가 떠나도 그는 힘차게 살아갈 수 있을 것이다. 그래야만 서로의 사랑이 참된 결실을 맺게 될 것이다.

16. —
하늘에 무엇을 물으리오

『장자』 「대종사」에 서로를 알아주는 친구 간에 생명의 대화가 나온다. 열흘이 넘도록 쏟아지는 빗속에서 자여(子輿)는 오랫동안 보지 못한 친구 자상(子桑)을 떠올리고 혹시 병이라도 나지 않았을까 걱정이 앞섰다. 그래서 한상 잘 차려 가지고 위문을 갔다.

친구 집 문 앞에 다다른 자여는 집 안에서 새어 나오는 거문고 소리와 함께 흐느끼는 듯 노래하는 듯한 목소리를 들을 수 있었다. "아버님, 어머님! 하늘이여, 인간이여!" 애절함을 마음에 다 거둘 수 없었는지, 급박한 목소리에 곡조도 맞지 않았다.

안으로 들어간 자여가 묻는다. "그대 노래 소리가 어찌 이리 처연한가?" 자상이 답한다. "나를 이리도 곤궁한 처지로 내몬 게 누구인가 물어왔지만 여태 답을 얻지 못하였다네. 나를 낳고 길러 준 부모님이라면 어찌 내가 이리도 곤궁하게 살기를 원했겠는가? 사심 없이 모든 것을 창조하고 감싸 주는 하늘과 땅이 나만 고난의 가시밭길을 가도록 할 리도 없을 터인데! 늘 자문한다네. 도대체 누구 짓인지, 부모님도 하늘도 땅도 아니라면. 내가 이렇게 견디기 힘든 지경에 이른 것, 운명이랄 수밖에."

존재에 대한 장자의 이렇듯 절실하고 깊은 감수성은 공자를 그대로 이어받은 것이다. 공자는 아끼는 제자인 염백우가 문둥병에 걸리자 "운명이로다. 이 사람에게 이런 병이 들다니, 이 사람에게 이런 병이 들다니!" 하며 울먹였다. 착한 사람이 몹쓸 병에 걸린다 한들 하늘에 무엇을 물을 수 있겠는가? 하늘도 할 말이 없을 것을!

공자도 장자도 "살고 죽는 것은 명에 달려 있다."라고 하였다. 운명이란 막을 수도 없고, 피할 도리도 없다. 고난 앞에서 시간을 멈추고 청춘을 묶어 두려 한들 어쩌겠는가, 불가능한 일인 것을!

우리 선조들은 고난이 닥쳐도 하늘에 도움을 구하지 않고 "이것이 운명인가?"라고 한탄하며 스스로 해방함으로써 구원받았다. '명(命)'은 존재의 유한성에 속한다. 누구도 가는 세월을 잡을 수 없고, 누구도 떠나지 않고 이 세상에서 버틸 수 없다. 이는 부처님도 예수님도 할 수 없는 일이다.

'명'이 최후의 답이다. 더 절실하게 말하자면 답 없는 답이요, 이유 없는 이유이며, 출구 없는 출구다. "가다가 다다르니 물길이 다한 곳, 앉아 바라보니 구름이 인다."라는 싯구가 떠오른다. 물길이 다한 곳이 바로 구름이 일 때이다. 명이 바로 상심의 종점이고 재생의 기점이다. 이것이 수천 년간 이어져 내려온 구명의 묘방이다.

17. —
혼돈을 뚫고 생기를 되살리자

『장자』「응제왕」 마지막 우화는 혼돈을 뚫는 이야기로 끝맺는다. 이야기의 주인공은 '숙(儵)'이라는 남쪽 나라 제왕과 '홀(忽)'이라는 북쪽 나라 제왕이다. 줄거리는 이 양대 거두가 가끔 '혼돈(混沌)'이 제왕으로 있는 한가운데 나라에서 휴가를 보내며 담소를 나누다가 겪은 일이다.

제왕은 천하를 제패하고 춘추 대업을 이룬 자이다. 그러나 우주의 시간에서 보면 너무나 짧은 순간이다. 그러니 권세나 명예는 뜬구름과 같아서 순식간에 사라지는 것 아니겠는가.

혼돈은 집착도 분별도 없는 존재 양태로서 당연히 휴가의 최적지다. 하와이 해변에 앉아 하늘과 맞닿아 끝없이 이어지는 푸르디푸른 바다를 바라보는 그림을 상상해 보라. 숙과 홀은 제왕이기에 하지 않으면 안 되는 잡다한 정무들이 괴롭히는 정치적 생활을 잠시 벗어던지고 맹약도 협상도 권모술수도 필요없는 곳에서 일곱 날을 머물며 생명 자체로 회귀할 수 있었다.

한가운데 나라의 제왕의 이름인 '혼돈'은 권세의 쟁취는 일시적인 것이고 자연이 영원하다는 의미를 담고 있다. 혼돈이 남과 북에서 온 두 제왕을 접대함은 접대 아닌 접대이고, 보고도 필요없고 순방도 없고 기자회견도 없으며 합동 성명서 발표도 없는 회담이다. 장자는 혼돈이 두 제왕을 '매우 훌륭하게 접대했다'고 표현했는데, 훌륭한 접대는 기교적인 교묘한 운용이 아니라 수양 공부에서의 무심함과 순수함이다. 이는 접대하지 않는 것과 같다. 접대하지 않음은 접대가 없는 것으로 이는 주인과 손님의 구분이 없이 상대적인 관점을 벗어던진 경지다. 자신의 무장을 풀고 타자와의 대항을 버린 채, 일체의 대립을 잊고 물아일체를 이룬다면 떠돌이 삶의 아픔에서 벗어날 수 있다. 그러므로 남과 북에서 온 두 제왕은 이곳에서 심신의 완전한 자유를 누릴 수 있었다.

두 제왕은 너무나 즐거운 기분에 혼돈의 아름다운 접대에 보답하고 싶은 생각이 간절하였다. 두 사람은 한마음이 되어 서로를 쳐다보다가 순간적으로 영감이 떠올라 말하였다. "인간이면 누구나 일곱 개의 구멍을 지니고 태어나서 보고 들으며 먹고 숨 쉰다. 그리하여 스스로를 보살필 수 있고 세상과 소통할 수 있는 것이다. 오직 혼돈 형씨만 세상만사와 소통할 수 있는 구멍이 없구먼. 우리 혼돈 형씨를 위해 구멍을 뚫어 주어 감사의 뜻을 표하는 것이 어떻겠는가?"

남과 북의 두 제왕은 중앙의 제왕을 위해 하루에 하나씩 칠 일간 일곱 개의 구멍을 뚫었다. 마치 창세기에서 천지를 창조하듯. 그러나 마지막 날 죽은 혼돈을 발견할 줄 그 누가 알았겠는가? 무심히 있는 그대로의 혼돈 세상이 인위적인 조작에 의해 파괴되고 말았다. 도가에서 말하는 '자연(自然)' 은 두 가지 뜻으로 나뉜다. 첫 번째 의미는 원래의 자연, 즉 현상적인 자연을 일컫는다. 두 번째는 수행으로서의 자연 혹은 경지로서의 자연을 일컫는다.

남과 북의 두 제왕이 뚫은 자연은 원래의 자연과 현상적인 자연이다. 이 원시적이고 질박한 자연을 뚫는 것이 문명의 시작이다. 그러나 문명의 발전이 야기한 주객의 대립 및 물아의 간극이 존재하는 삶의 양태는 생명 자체의 관점에서 보면 인간과 시 · 공간, 인간과 천지만물과의 파열을 의미한다.

혼돈은 집착도 분별도 없는 물아일체의 화해 상태다. 문제는 인문정신의 계발과 수양 공부를 통한 관조를 거치지 않은 원시적 화해 상태라는 점이다. 이 원시적 화해의 배후에 천체 운행의 규칙과 육체의 제한에서 비롯되는 창망함과 처량함이 존재한다. 그렇기에 남과 북의 두 제왕은 돌연 인위적 조작을 가했던 것이다. 그 결과 중앙 제왕의 혼돈을 뚫어서 인문적 함양의 공간을 열고 정신적으로 비상할 수 있는 하늘과 땅을 내주었다.

혼돈의 죽음은 삶의 전환점이자 거듭남의 기회이다. 텅 빔에 다다르고 고요함을 지키는 수양을 통해 마음의 집착과 인위적 조작에의

열광을 풀어헤치고 허망한 환각의 세계에서 빠져나와야만 한다. 그리고 고요한 마음으로 천지만상을 관조하여 현상적인 자연을 정신적 경지의 자연으로 전환하여야 한다.

"자연은 생성이라고 할 것도 없고 소멸이라고 할 것도 없이 다 함께 하나가 된다."는 사유를 통하여 드러내는 만물일체의 경지가 바로 도가에서 추구하는 조화로움이다. 그렇기 때문에 도가에서 말하는 순진무구함은 '무지(無知)'의 혼돈세계가 아니라 '부지(不知)', 즉 지를 지라고 여기지 않는 관조이다.

18. —
재목인가 아닌가?

『장자』「산목」에 장자가 제자들을 거느리고 속세에 나와 여기저기 유람하는 장면이 나온다. 산길을 걷던 어느 날 커다란 나무 한 그루가 눈에 띄었다. 가지와 이파리가 무성한 나무인데 벌목꾼들이 베지는 않고 곁에서 쳐다보기만 할 뿐이었다. 그 이유를 묻자 쓸모없기 때문이란다. 장자는 제자들에게 "이 나무는 재질이 쓸모가 없기 때문에 천년을 살 수 있었다."고 가르쳤다.

그날 저녁, 산을 넘어 친구의 집에 묵게 되었다. 벗의 방문에 기쁜 친구는 하인에게 닭을 잡아 대접하라 일렀다. 하인이 물었다. "집에 닭이 두 마리 있는데요, 한 마리는 잘 울고 한 마리는 울지 않는데, 어떤 놈을 잡을까요?" 주인이 답하였다. "울지 않는 놈을 잡아라!"

이 말을 들은 제자들은 의혹에 가득 차서 음식 맛도 제대로 느끼지 못하였다. 다음 날 장자는 친구와 이별하고 다시 길을 떠났다. 제자들이 참지 못하고 묻는다. "어제 산속의 나무는 쓸모없기 때문에 고스란히 자기 몸을 지킬 수 있었는데, 친구분 집 닭은 쓸모없어서 오히려 죽임을 당하였습니다. 만약 같은 상황에 처한다면 스승님께서는 어떻게 처신하시겠습니까?"

장자는 웃으면서 답하였다. "쓸모를 따진다…, 내가 산속의 나무라면 나는 쓸모없는 쪽을 택할 것이고, 닭이라면 사정없이 울겠다. 그러면 내 몸을 잘 보존할 수 있지 않겠느냐?" 이는 웃자고 하는 얘기이지 궁극적인 답은 아닐 것이다. 세상의 이분법적 평가 속에서 철저한 해탈을 얻기는 쉽지 않다. 주인이 울지 않는 닭을 죽인 것에 필연적인 도리가 있는 것은 아니었다. 만약 주인이 시끄러운 닭 울음소리에 잠을 설쳤다면 다른 답이 나왔을 수도 있다. 이처럼 세속적인 가치에 갇혀 살면서 우리는 늘 진퇴양난의 곤경에 처해서 살아간다.

"도와 덕과 조화를 이루어 노닐며, 명예도 잊고 비난도 잊으며, 용이 되기도 하고 이무기가 되기도 하여 때에 맞추어 날거나 숨으면 되는 것, 한 가지에만 집착하지 말아야 한다. … 슬프도다. 제자들아, 한 가지만 기억하라. 도와 덕의 경지에서 노닐라!"

'도와 덕과 조화를 이루어 노닐라.' 는 말은 천지와 함께하고 만물과 더불어 가라는 뜻이다. 태상노군의 『도덕경』의 뜻에 비추어 보면, 마음을 비우고 작위를 버린 다음 자연으로 돌아가서 집착에서 나오는 이분법적 가치를 버리라는 말이다. 명예도 내려놓고 치욕도 멀리하여 세상의 가치 표준을 버리면 용과 이무기의 구별도 사라질 것이다. 그래서 존재의 시공에 녹아들면, 그것이 바로 「소요유」에서 말하는 '어떤 유용성으로도 평가하지 않는 넓디넓은 광야'에서 노니는 것이다. 마음에 조금의 찌꺼기도 남김없이 철저하게 내던지고 어떤 좇을 것도 없애고 나면 무한한 공간에서 노닐 수 있게 된다. 그곳은 비교함도 없고, 얻음도 잃음도 없다. 부담도 없고 스트레스도 없으며, 근심도 걱정도 없는 인생이라면 그것이 바로 아무 기댈 필요 없는 자유로운 소요의 경지가 아니겠는가!

이 세상의 모든 집착과 분별은 '쓸모 있음'과 '쓸모 없음'의 구분으로 귀결된다. 이 '쓸모'의 가치관 속에서, 어른들의 세계는 공리주의의 질곡으로 빠져들고, 학생들의 세계는 성적 제일주의의 틀에 갇힌다. 양이 질을 대신하고 등수로 높낮이를 나누며, 성공과 실패로 영웅을 가늠한다. 물질이 참 생명을 거느려서 사람들을 무형의 감옥으로 몰아넣고 가두게 되면, 우리는 결국 자아실현의 공간과 무대를 잃어버리는 결과를 초래한다.

공리주의와 성적 제일주의가 연합하여 만든 이른바 인기 대학 인기 학과는 이익의 각축장으로 직통한다. 모두 인기 학과에 몰리게 되고 마침내 대학 입시의 좁은 문으로 변하여 격렬한 경쟁을 형성한다. 사실 지금의 인기 학과도 얼마 안 가 비인기 학과의 서러움을 겪게 되지 않으리라는 보장도 없다.

자신의 성향과 소질로 되돌아가서 하고 싶은 것을 하고 느끼고 싶은 대로 느끼며 자신만의 영감을 발휘하고 창의력을 발휘하는 것이

야말로 일생을 두고 추구하고 살아야 할 자신만의 도와 덕의 고향이다. 누구든 자신의 내면을 확인하고 자신의 길을 걸어서 자신의 생명의 고향으로 되돌아가야 한다.

쓸모 있음과 쓸모 없음 사이에서 배회하는 까닭은 어쩔 수 없기 때문이다. 쓸모 있다, 쓸모 없다는 세속의 이분법을 초월해야만 자신의 생명의 커다란 쓸모를 실현할 수 있다.

19. —
똥 속에 도가 있는 것이지 똥이 도는 아니다

어떤 시골 아주머니가 자신의 종교적 신앙 때문에 똥을 집에 가지고 들여와 고이 모셔 놓고는 똥이 금으로 변하게 해 달라고 날마다 치성을 올렸다. 시간이 흐르면서 똥 냄새가 집 안 가득 차고 담을 넘어 이웃으로 퍼졌다. 이웃들의 항의가 이어졌고, 남편도 부인의 신비주의 수련을 견디지 못하고 이혼을 신청하였다.

도대체 어떤 교파가 이리도 괴이하고 요사스러운가, 혹 굶주림에 지친 나머지 신천지를 그리는가? 가장 더러운 똥이 가장 귀한 금이 된다니! 하긴 똥도 금도 모두 황색 계열이니 더러운 것을 신비한 것으로 만들 수 있다고 믿었을 수도 있겠지. 백색 테러란 말도 있는데, 황색 테러하고 하면 될까?

『도덕경』에서 "가장 아름다운 것은 물과 같다. 물은 만물을 이롭게 하면서도 다투지 않고, 뭇 사람들이 싫어하는 곳에 머물러 있는다. 그러므로 도에 가깝다."라고 하였다. 가장 아름다운 사람의 인격은 마치 물같이 만물을 이롭게 한다. '아름다움' 은 다툼이 없는 곳에 존재한다. 늘 사람들이 싫어하는 낮은 곳으로 흐르며 가장 고귀한 일을 수행한다. 물은 가장 낮은 곳으로 흐르기 때문에 만물을 윤택하게 할 수 있는 것이다. 본디 가장 고귀한 생명은 가장 낮은 곳에 거한다. 부모의 마음은 똥 기저귀와 기름때를 통해 드러난다. 이는 천도가 만물을 생성하는 근본원리인 것처럼 자신을 없애고 만물이 성장할 공간을 내주는 것과 같은 도리다.

『장자』「지북유」에서 "도는 없는 곳이 없다."라고 하였다. 도는 개미에게도 있고 잡초에도 있으며, 기왓장에도 있고 똥 속에도 있다고 하였다. 갈수록 황당하다. 도는 가장 고귀할진대, 장자는 갈수록 비천한 곳을 말한다. 곤충에서 초목으로, 기왓장에서 똥오줌으로 달려가니 참으로 견디기 어렵다. 장자의 의도는 무엇일까? 비천한 것들과 함께하면 할수록 만물을 창조하는 도의 고귀함을 더욱 드러낼 수 있음을 밝히기 위해서다.

공자도 노자도 부처도 인간 세상을 구원하기 위해 고난 받는 사람들과 함께했다. 고난 받는 곳에서 구원하는 도리라야 고귀함이 더욱 도드라진다. 도가 비천한 곳을 피하지 않는다고 하여 비천한 것 자체가 바로 도라는 뜻은 아님을 알아야 한다. 도의 '무(無)'라는 측면에서 그 비천함을 말하고, 도의 '유(有)'라는 측면에서 고귀함이라 일컫는다. 그래서 『도덕경』에서 "그러므로 귀한 것은 천한 것을 근본으로 하고, 높은 것은 낮은 것을 기초로 한다. 이 때문에 임금이 스스로 외롭다 하고 덕이 부족하다 하며 선하지 못하다고 하는 것이다. 이것은 천한 것을 근본으로 삼은 것이 아니고 무엇이겠는가?" 라고 하였다. 천함은 안으로 수렴하는 수행의 결과다. 임금이 스스로를 외롭고 덕이 부족하고 선하지 못한 자라고 여겨서 이 세상 모든 사람들의 도움을 청하여야만 인재들이 몰려들어 보좌하게 되고, 그 결과 천하가 태평하게 되어야만 근본이 있게 된다.

이렇게 보면 비천함은 있는 그대로의 똥오줌을 가리키는 것이 아니라, 자아 해방의 인문학적 함양을 의미한다. 자아의 성장이나 자아의 초월을 버리고 똥이 금으로 변할 기적만을 바란다면, 그것은 어리석은 자의 몽상이니 결과는 불 보듯 뻔하지 않겠는가!

02

소요에서 제왕까지

즐겁게 살자.

스스로에게 자신의 한 표라도 자신 있게 던지자.

믿음을 가지고 살자.

좋은 날이 곧 올 것이다.

자신을 뽐내지 말라, 덕을 드러내지 말라 하였다.

고요한 호수같이 마음의 평정을 이루라 한다.

그러면 그 어떤 것도 마음을 흔들 수 없다.

그러면 모두가 정겹게 느껴질 것이다.

화창한 봄날이 이어질 것이다.

—서—

이 강연을 시작하기 며칠 전에 어머니께서 돌아가셨다. 요 며칠 수업이나 강연 때나 모두 강단에 서면 어머니를 대신해서 말하는 듯한 느낌을 받는다. 공덕이 참말 효험이 있다면 모든 공덕을 어머니 영전에 바친다.

오늘 첫 번째 강연 제목은 '소요유' 다. 지금의 내 심정에 그리 어울리지 않는다. 하지만 생각해 보면 철학이든 종교든 가장 연약하고, 가장 고통스럽고, 가장 우울하고, 가장 지치고, 가장 마음 아플 때 우리에게 다가온다.

이 땅에서 종교의 전당 외에 가장 깨끗하고 가장 평화로운 곳은 병원 간호원실 밖에 있는 가족 휴게실이란 생각이 든다. 그곳은 서로가 가강 가깝고, 서로 질시하는 마음이 없고 경쟁도 없이 모든 것을 내려놓고, 서로의 마음이 통하는 사회라고 생각한다.

마음이 아프고 고통스러울 때가 하느님과 부처님과 도에 가장 가까이 다가가는 순간이다. 인간은 눈물을 흘릴 줄 안다. 눈물을 통해 우리의 영혼을 정화한다. 마치 한바탕 쏟아진 비가 도시의 오염된 먼지를 깨끗하게 청소하듯. 여성들의 청순함과 예민함은 남성들을 뛰어넘는다. 가장 큰 원인은 여성들이 흘린 눈물이 언제든 이 세상의 곤경을 씻어 버리고 원래의 깨끗함과 원래의 감동을 되살려 주기 때문이다.

우울과 고통과 병마와 늙음과 죽음으로 점철되는 세상살이는 인간의 유한성을 되돌아보게 한다. 인간은 유한한 존재이고 의학도 한계가 있음에도 불구하고 우리는 영원한 삶을 꿈꾼다. 누구든 영원을 꿈꾸지만 결국은 가장 가까운 사람과의 이별에 직면할 수밖에 없다. 과학기술도 의학도 한계가 있다는 사실을 잊어서는 안 된다.

1. — 소요유 : 자아의 성장

포용력을 발휘하자

철학이든 종교든 늘 두 가지 문제와 마주서야 한다. 우선 생명의 유한함에 동정심을 가져야 하고, 다음으로 인생의 비극과 고통, 근심과 걱정을 포용하고 지지를 보내야만 한다. 이 점에서 종교는 영원히 인간에게 감동을 준다. 종교는 인간의 유한성에 가장 커다란 동정심을 지니고 고통과 죄악에 대하여 무한한 포용력을 지닌다. 유가는 인생을 우리의 숙명이라 여기고 도가는 산다는 것 자체가 피곤한 일이라고 여긴다. 인간은 많은 제약들 속에서 살아간다. 따라서 종교와 철학은 반드시 유한한 인생에 동정어린 눈빛을 보내야만 한다. 또한 종교와 철학은 우리에게 희망을 주어야 하고 미래의 출구를 열어 주어야 한다. 인생이 이리도 고통스러운데도 우리는 영원히 살기를 원한다. 인간에게는 고업이 있지만 성불할 수 있다. 인간에게는 원죄가 있지만 구원받을 수 있다. 하나님이 모든 사람을 구원하실 것이다. 하나님의 은총은 모든 죄인을 구해주실 것이다. 유가는 누구나 자신의 숙명을 지니고 태어난다고 여긴다. 그러나 숙명의 굴레를 벗어 던지고 누구나 요순이 될 수 있다고 여긴다. 누구나 성현이 될 수 있다고 여긴다. 도가의 눈으로 바라보면 인생은 너무나 피곤한 것이다. 그러나 인생을 소요(逍遙)할 수 있다고 여긴다. 속된 가치에서 벗어나 참됨을 이루는 것이 장자의 소요다. 인생이란 유한함에서 출발한다. 인간은 연약함, 의지할 곳 없는 슬픔과 처량함, 고통에서 출발한다. 그러나 우리는 그 속에서 한줄기 정신적인 빛, 생명 승화의 길을 찾기를 희망한다. 이 길을 형이상(形而上)이라고 부른다. 우리의 유한성은 형이하(形而下)에서 온다. 형이하에는 육신이 있고 육신에는 기(氣)가 있다. 육신은 유한하고 고업이 있고 원죄가 있으며 숙명이 있고 피곤함이 있는데 모두가 기로부터 온다. 우리는 유한한 육신으로 살아간다. 육신은 늙고 병들고 죽는다. 그러나 우리는 정신과 영혼이 있음을 믿는다. 혈액이 순환하는 것이나 맥박이 움직이고 심장이 뛰는 일 등은 장기 기관의 문제이고 기력의 문제로 언젠가는 사라질 것들이다. 그러나 우리의 정신과 사랑의 마음은 이 세상에서 영원히 사라지지 않을 것이다. 따라서 우리는 형이하의 길을 형이상의 길로 바꾸어 걸어가야 한다. 그 길이 바로 구도요 수행이다. 도가는 우리에게 우선 우리 자신의 유한성을 직시하라고 가르친다.

인생의 고통은 밖에서 오지 않고 마음에서 나온다

해소(逍)와 원대함(遙)은 나누어 해석할 수 있다. 해소는 해체의 길로 삶의 방향을 잡는 것을 의미한다. 우리는 인간의 유한성을 탈피해야 한다. 인위적인 속박을 모두 없애고 무위자연의 이치를 꿰뚫어 보아야 한다. 도가는 인생이 고달프다고 느낀다. 그 고달픔은 인위적인 것에서 온다. 보통 사람들은 어떤 물건을 손에 쥐려 하고 무엇인가 큰일을 이루고 싶어 하는데, 이런 것을 도가에서는 인위적인 조작이라고 여긴다. 이러한 인위적인 조작 때문에 우리는 속박당하고 고달프게 된다. 따라서 소요는 인위적인 폐단을 모두 없애는 것이다. 고통과 유한성을 없애기만 하면 우리는 멀리 바라볼 수 있다.

요(遙)는 원대함을 의미한다. 우리는 해소의 길로 걸어가야 한다. 노자는 "배움은 날로 보태는 것이고, 도를 행함은 날로 덜어 내는 것이다."라고 하였다. 대부분의 사람들이 나날이 보태려고만 한다. 어떤 일을 하든 매일 보태서 이름을 날리고 이익을 취하며, 권세나 지위, 신분, 재력, 권력 등을 잡고 놓치지 않으려고 애쓴다. 도가에서는 인생의 고뇌와 슬픔과 피곤함이 매일 보태려고만 애쓰는 데서 온다고 여긴다. 욕망은 멈출 수 없기 때문이다. 영예란 좋은 것임에 틀림없다. 그러나 매일 박수 받고 인정 받고 싶어 하는 마음은 밑 빠진 항아리와 같다. 어느 날 박수 소리가 멈추면 실의에 빠져 아무도 자신에게 관심을 기울이지 않는 듯 여겨져서는 갑자기 살아가기 힘들 것이다. 왜냐하면 이미 갈채에 익숙해졌기 때문이다. 명예를 얻겠다는 생각은 영원한 부담이다. 도를 닦는다는 것은 덜어 낸다는 것이고, 덜어 낸다는 것은 인위적인 속박에서 풀려나는 것이다. 인생의 방향을 해소하는 쪽으로 잡아야 한다. 인생의 유한성을 풀고 인위적인 조작을 멈추어야만 한다.

유가에서는 물욕 때문에 문제가 생긴다고 여긴다. 우리에게는 비록 양심이 있지만 물욕이 그 양심을 밑으로 끌어내린다. 권력욕이 너무 강하고 명예와 이익에 집착하거나 경쟁심이 센 사람들은 왕왕 양심을 한쪽 구석으로 밀어 버리고 욕구만을 추구한다. 유가는 이러한 문제들이 물욕에서 생긴다고 여긴다. 그러나 도가는 외적인 것이 문제가 아니라 우리의 마음이 문제라고 여긴다. 우리 마음속에 집착이 있기 때문에 명예와 권세에 집착하게 되고 무엇이든 다 잡으려고 하면서 문제가 생긴다. 도가는 이러한 참삶에 누가 되는 집착을 없애고 무위자연의 도리를 깨달아야 한다고 주장한다. 이것이 소요다.

유한함을 풀고 무한함을 향하여

우리가 가장 먼저 반성해야 할 것은 이 세상에 살면서 자유자재로 노닐 수 없는가 하는 점이다. 명나라 고승 감산대사도 소요를 '광대자재(廣大自在)'로 해석하였다. 우리는 이 세상에서 노닐며 살아야 한다. 노닌다는 것은 자재(自在)함이다. 요즘 말로는 자유요 해방이다. 도가에서는 해방이란 말을 쓰지 않는다. 소진(消盡)이나 해소라는 말을 쓴다. 정신의 해방은 우리를 자유롭게 한다. '유[遊]'는 자유자재로 노닌다는 뜻이다. 어디에 있든 관계없이 자유자재로워야 한다. 걱정도 근심도 없고, 고통도 번뇌도 없으며 억압도 고민도 없는 상태를 일러 자유자재라 한다. 인생이 자유자재로울 수 있는 까닭은 우리에게 광대한 심령의 세계가 있기 때문이다.

서울이 우리에게 주는 가장 커다란 느낌은 너무 복잡하다는 점이다. 시내는 때와 장소를 가리지 않고 사람들과 차들로 넘친다. 너무 복잡하여 노닐기가 어렵다. 따라서 사람들은 늘 총총망망 바삐 걸어야만 한다. 스트레스 속에서 이리저리 밀려다니며 유랑하는 느낌을 늘 지울 수가 없다. 우리는 자유를 잃고 미적 감각을 잃었다. 서울은 많이 진보하였다. 그러나 서울에서는 미적 감각을 느낄 수 없다. 자유로운 느낌을 누릴 수 없다. 자유자재는 광대함에서 온다. 광활한 세계여야만 우리는 자유자재로 노닐 수 있다. 넓은 운동장이 있어야 아이들이 자유자재로 뛰놀며 즐길 수 있다. 모든 학교 운동장들은 넓어야만 한다. 그래야만 자유자재로 숨바꼭질하고 싶은 아이들은 숨바꼭질하고, 축구하고 싶은 아이들은 축구하고, 잡담할 아이들은 잡담을 나누고, 속마음을 함께 나누고 싶은 아이들은 서로 속마음을 나

눌 수 있게 된다. 그러나 이러한 자유자재는 반드시 광활한 공간을 필요로 한다. 내가 말하는 광활한 공간은 정신적인 영역이다. 이 세상이 어떻게 광활할 수 있는가? 우리가 아무것도 요구하지 않을 때 가능하다. 언제 우리가 가장 자유로울 수 있는가? 명예심이나 권력욕을 버리고 다른 사람과 다투지 않고 일등이 되기를 포기하는 순간 바로 자유자재로움을 느끼게 된다.

출근할 때 어떤 사람의 마음이 가장 편할까? 산보하는 마음을 가진 사람이 가장 좋을 것이다. 왜냐하면 산보는 목표가 없이 걷는 것이기 때문이다. 장자는 가장 한가로운 사람을 산보하는 사람이라고 하였다. 그러한 사람을 일러 진인(眞人)이라 하였다. 한가로운 것이 마치 이 세상 순위다툼에서 뛰쳐나온 듯하다. 보통 사람들은 다들 명예를 추구하고 권세를 위하여 다툰다. 그러나 진인은 그러한 다툼에서 뛰쳐나와 명예나 권세의 집착을 버린다. 그 순간 세계는 갑자기 넓어지고 저 높은 하늘이든 저 광활한 바다든 원하는 곳 어디든지 갈 수 있다. 평상시 우리는 많은 곳을 가지 못한다. 너무나 많은 금기와 소망과 추구와 집착이 있기 때문이다. 이러한 것들이 우리로 하여금 자유를 잃어버리게 한다. 인간 정신은 원래 무한하고 심령은 어디든 갈 수 있는 무한한 자유가 있다. 그러나 이러한 무한한 심령이 아래로 떨어져 집착하는 마음이 생기고 명예와 권세 때문에 사람들과 다투며 맨 앞자리에 서려고 경쟁하면서 원래의 순수한 심령을 잃어버리고 속박당하고 무미건조한 삶을 영위하게 된다.

도가는 마음에서 많은 집착을 덜어 내야만 광활한 세계가 우리 앞에 펼쳐질 것이라고 강조한다. 우리 앞에 펼쳐진 무한한 공간 어디든 갈 수 있고 어디서든 노닐 수 있는 것을 일러 '소요유(逍遙遊)'라고 한다. '소'란 인간의 유한성을 없애는 것이고, '요'란 무한한 정신적 공간을 열어 젖힘을 뜻한다. 어디에서나 산보하고 한가로이 자유자재로 노닐며 어떤 속박도 스트레스도 응어리도 연루됨도 없는 것을 일러 '유'라고 한다. 삶의 유한성은 집착이 너무 많기 때문에 발생한다. 우리는 너무도 많은 것을 요구한다. 이러한 집착을 없애야만 금기도 스트레스도 사라지게 된다. 언제 가장 즐거워질 수 있는가? 일등을 쟁취하겠다는 생각을 없애는 순간 이 세상은 우리 앞에 넓게 펼쳐지고 어디든 갈 수 있게 된다. 세상이 넓어지면 인생은 자유자재로 어디에서든 노닐 수 있게 된다.

인생의 문제는 있음[在]과 얻음[得]에 있다

인생은 영원히 두 가지 문제와 마주서야 한다. 첫째는 있음이다. 우리가 이 세상에서 살아가는 것을 일러 있음이라고 한다. 있음은 가족에서 말하자면 부모로부터 온 것이고, 하늘에서 말하자면 하늘로부터 온 것이다. 하늘은 만물을 낳고 부모는 자식을 낳는다. 정치적으로는 성인(聖人)이라고 부른다. 성인은 백성이 살아갈 수 있도록 길을 열어 준다. 따라서 우리는 하늘에 감사하고 부모에게 감사하고 조상에게 감사하고 역대 성현들에게 감사한다. 그들을 통해서 우리는 존재한다. 따라서 우리 모두는 숙명적으로 부모가 밟은 길을 좇아가도록 태어났다. 부모님이 돌아가셨을지라도 내가 있지 않은가! 내가 늙더라도 내 아이가 있지 않은가! 내 아이도 늙을 것이다. 그러나 내 아이의 아이가 있을 것 아니겠는가!

따라서 인생의 첫 번째 문제는 있음에 있다. 인생은 있음에서 시작된다. 우리가 이 세상에 태어나서 살아간다는 사실이 첫 번째 문제이다. 그러나 이것만이 전부가 아니다. '있음을 좇아 무엇을 얻을 것인가?' 라는 문제가 따라온다. 우리는 무엇을 가지고 있는가? 있음과 얻음이 인생의 두 가지 문제이다. 우리는 병마에 시달리면서도 살아 있기를 희망하고 죽음에 직면하여서는 죽음의 언저리에서 돌아오기를 바랄 뿐이다. 기도나 예배에서 우리 모두는 하나님이나 부처님이 어머니를 살려 줄 것을 기원한다. 있음이 첫 번째 문제이기 때문이다. 어머니가 살아 계셔야만 어머니의 행복을 빌고 어머니가 마음의 평화를 얻기를 기원할 수 있다. 따라서 인생에서의 얻음의 목표는 대개 덕행과 행복일 것이다. 또한 우리는 늘 자신에게 덕과 복이 있기 때문에 존재한다고 느끼며 살아간다.

자재자득과 타재타득

산다는 것 자체가 삶인 것을 우리는 잊고 살아간다. 존재가 우선이고 얻음은 다음이다. 그러나 현대인들은 가진 것이 있어야 삶이 있다고 여긴다. 덕과 복이 없다면 자신에게 아무것도 없다고 여긴다. 있음이 없음으로 여겨지는 것을 일러 공허하다고 한다. 우리는 어떻게 이 세상에 오게 되었는가? 산다는 것이 무엇인가? 이 두 가지 물음은 나뉠 수 없다. 우리는 그냥 되는대로 살아서는 안 된다. 존엄하게, 가치 있게 살아야 하고 무엇인가 지니고 살아야 한다. 아무것도 없다면 인생은 얼마나 공허한가? 일생을 그냥 허비해 버리는 것 아니겠는가? 따라서 사람은 살면서 얻음을 추구해야만 한다.

그렇다면 무언가를 지녀야만 비로소 내가 존재할 수 있다는 말인가? 대부분의 정치인들은 권력을 놓치면 생명을 잃은 듯 여기고, 대부분의 사람들은 재물이 없으면 잘 살고 있다고 여기지 않는다. 어떤 사람들은 이름을 날리지 못하면 산다고 여기지 않으며, 갈채가 없고 지명도가 없으면 참다운 삶이 아니라고 여긴다. 무엇인가 얻어야만 자신이 존재함을 느낀다. 그래서 경쟁 사회에 뛰어들어 명예와 권세와 재물을 좇아 이리저리 뛰어다닌다. 그렇게 하지 않으면 위기감에 사로잡히게 된다. 매일 아침 은행 통장을 펼쳐 확인해야만 자신이 살아 있음을 느낄 수 있게 된다. 왜일까? 바로 얻음이 있기 때문이다.

따라서 당연히 명예와 권세와 재물을 얻기 위해 온 힘을 쏟으며 각축한다. 이러한 존재와 이러한 얻음을 타재타득(他在他得)이라고 한다. 선거를 예로 들면, 선거에서 당선되는 것이 있음이요 얻음이다. 그러나 당선이냐 낙선이냐는 다른 사람의 투표로 결정된다. 따라서 있음과 없음을 다른 사람이 결정하는 것이기 때문에 타재타득이다.

재산의 얻음은 사회 전체 사람들에 의지하여야만 한다. 주식시장을 보라. 부침에 얼마나 많은 사람들이 울부짖고 있는가. 끝없는 주식 투자 행렬에 나는 끼고 싶지 않다. 나는 한 장의 주식도 없다. 그것은 주식시장의 타재타득을 간파했기 때문이다. 인생에서 반드시 자재자득(自在自得)의 길을 찾아야만 한다. 독서나 수양, 사람 됨됨이나 득도 등은 우리 스스로 결정할 수 있는 것들이고, 실천하면 바로 얻을 수 있는 것들이다. 내 스스로 결정하고 행동하기 때문에 자유자재롭다고 하는 것이며 기복 없는 삶을 살 수 있게 된다.

경제계 인사 한 사람이 내게 "왕박사, 왜 그리 바쁘게 사는가! 매일 이리 뛰고 저리 뛰니 말일세."라고 말하곤 한다. 아마도 내가 강연 때문에 바삐 돌아다니는 것이 안쓰러웠던 모양이다. 나는 바쁘기는 하지만 늘 즐겁다고 말해 주었다. 영원한 것을 추구하기 때문이다. 공자를 논하고 맹자와 노자와 장자를 말한다. 철학과 종교를 말한다. 내 삶에 기복은 거의 없다. 나는 "너희는 달라. 너희가 바쁜 까닭은 주식시세가 널뛰기 때문이지. 금방 올랐다가는 금방 바닥을 치고, 이렇게 해서는 삶에 안정감이 없게 되지."라고 말해 주었다. 나는 공자와 맹자, 노자와 장자를 이야기하면서 안정감을 느낀다.

삶에서 안정감은 매우 중요하다. 나는 아침에 문을 나서며 초저녁이면 집에 돌아올 것을 안다. 집이 넘어가지 않을 것임을 알고 편한 마음으로 집을 나선다. 밤에 안심하고 잠자리에 든다. 다시 아침이 오면 깰 것을 알기 때문이다. 아버지가 나를 아끼고 어머니가 나를 사랑하며, 형제가 있고 아내가 있기에 안심하고 잠자리에 든다. 인생은 이러한 영원한 천륜과 우의에 의지하여 살아가는 것이다. 급변하는 유행에 의지하여 살아가는 것이 아니다. 유행이 우리를 살기 힘들게 만든다. 마음이 왜 그렇게 불편할까? 사회의 변화가 너무 빠르고 심하기 때문이다. 정상에 올랐는가 하면 바로 급전직하 깊은 계곡으로 굴러 떨어진다. 이것이 타재타득이다.

무엇을 일러 소(逍)라고 하는가? 바로 타(他)를 해소하는 것이다. 무엇을 일러 요(遙)라고 하는가? 바로 자(自)를 살려 내는 것이다. 외적인 결정 조건들을 없애야만 비로소 자유자재로운 삶을 누릴 수 있다. 타재타득은 믿고 의지할 수 없다. 그것은 남이 결정하는 것이기 때문이다. 대개의 사람들은 시장의 경기에 자신을 맡기고 살아간다. 불경기가 닥치면 살 수 없단 말인가? 우리는 경기에 의지해서는 안 된다. 수행을 해야 한다. 수행하면 매일매일 자유사재롭다. 소(逍)란 지나친 외적 사물에 대한 의지를 버리는 것을 의미한다. 애국 복권 열풍이 이 땅을 뒤덮고 있을 때에도 나는 한 번도 산 적이 없다. 나는 물론 우리나라를 사랑한다. 그러나 내 스스로 요행을 기대하지 않기 위해서였다. 인생에서 요행을 기다리는 것은 좋지 못한 생각이다. 나는 언제나 내 역량에 의지하여 살 것이다. 책을 읽을 때마다 얻는 것이 있다. 아무리 늦어도 자기 전에 단 몇 쪽이라도 읽는다. 독서를 통해서 내가 존재하기 때문이다. 나는 친구와 함께 있음에 존재하고 학생들을 가르치면서 얻음이 있다. 이것이 인생에서 가장 안정적인 것이라고 생각한다. 이것은 변하지 않는 것이다. 왜냐하면 내 스스로 얻은 것이지 결코 다른 사람에 의지하여 얻은 것이 아니기 때문이다. 타(他)는 외재적인 것이고 우리는 자유자재로 노닐기를 원한다. 요(遙)란 내심의 집착과 외적인 의지를 없애는 일이다. 외적 기댐이 감소하면 자유자재하는 삶의 비율이 증가한다. 이것이 소요유이다.

자유자재여야만 소요라 할 수 있다

『장자』 제1편은 「소요유」다. 많은 사람들이 소요유란 하늘로부터 내려오는 것이라 여기지 이 세상의 고민과 슬픔에서 시작되는 것인 줄 모른다. 소요유는 고통에서 시작되고 집착과 부담과 슬픔에서 시작된다. 단지 그러한 고통을 없애기만 한다면 인생의 유한성에서 빠져 나와 무한한 정신적 공간을 만들어 어디에서든 마음 내키는 대로 산보할 수 있다. 이것이 자유자재다. 자유자재로워야만 우리는 끝없는 자유를 누릴 수 있다. 이 세상이 타재타득에 몰두한다면 모든 것을 타인에게 의지하고 타인의 결정에 따라 움직여야 할 것이다. 이름을 다투고 순위를 다툰다면 원래의 자유자재를 잃게 될 것이다. 이래서 장자는 소요유를 말하는 것이다.

「소요유」의 우화에 대붕이 힘차게 나는 장면이 나온다. 장자는 대개 우화를 빌려 자신의 뜻을 펼치는데, 주로 가장 중요한 이론은 첫머리에 나온다. "북명(北冥)에 물고기가 한 마리 살고 있는데 그 이름이 곤(鯤)이다. 그놈이 얼마나 큰지 길이가 몇천 리나 된다."라고 시작한다. 소요유의 의미는 이 단락에서 드러난다. 북명은 바로 북쪽 바다이다. 그러나 물리적 바다가 아니다. 그러므로 '명(冥)'이라고 한 것이다. 노자는 현(玄) 자를 즐겨 사용하고 장자는 명(冥) 자를 즐겨 사용하며 어떤 때에는 현명(玄冥)이라고 표현하기도 한다. 이 '명'은 생명을 낳고 양육하는 해양이다. 형이상적인 해양이요 생명이 탄생하는 곳이다. 곤(鯤) 자는 물고기 새끼라는 뜻이다. 새끼 물고기는 얼마나 작은가. 그런데 장자는 길이가 몇천 리나 된다고 표현한다. 그래서 많은 사람들은 장자의 상상력이 너무 지나친 것 아니냐는 의구심을 품는다. 장자 자신은 자기의 말이 어긋나고 한가로운 이야기라고 표현한다. 그래서 많은 사람들이 장자를 골계(滑稽)의 시작이라고 여긴다. 그의 황당무계한 말이나 두서없이 이어지는 이야기들은 문학적 언어로 풍부한 상상력을 풀어내고 있다. 그렇다고 되는대로 쓴 것은 아니다. 북명은 생명이 탄생하는 대해이다. 생명의 가장 큰 특징은 자란다는 점이다. 처음 태어났을 때에는 비록 아주 작은 생명체이지만 계속 성장한다. 장자는 작은 것에서부터 성장함을 이야기하고 있는 것이지 황당무계한 이야기를 하는 것이 아니다. 장자는 사실이 아니고 상상 속의 이야기를 하는 듯 보이지만 사실은 그렇지 않다. 그는 우화를 말한다. 그 우화 배후에 커다란 도리가 들어 있다.

"변화하여 새가 된다."라고 하였다. 저 커다란 물고기는 변화하여 새가 되는데 그 이름이 '붕(鵬)' 이다. 크기 때문에 대붕이라고 이름한다. "붕새의 등짝이 몇천 리나 된다."라고 하였다. 이제 다시는 물고기가 아니다. 거대한 새가 되어 하늘을 난다. 이것은 초월적인 경지를 뜻한다. 작은 것에서 큰 것으로 변화하는 것은 단지 생명의 성장일 뿐이다. 평면적인 성장이요 육체적인 성장이다. 곤에서 붕으로 변하면 날아갈 수 있다. 지상에서부터 하늘로 날아오르게 된다. 장자의 우화에서 곤은 물고기이고 붕은 새이다. 그러나 사실 사람을 이야기하고 있다. 인생은 생명의 대해에 있다. 우리는 아주 작게 태어나지만 성장할 것이다. 그러나 육체적 성장에만 만족해서는 안 될 것이다. 정신적인 도약과 승화가 이루어져야만 한다. 하늘 저 높이 날아올라가야 할 것이다.

날개를 활짝 펼치고 힘껏 내리치면 물기둥이 하늘 위로 솟구친다.

그 물기둥을 타고 구만리 상공 위로 날아오른다. "힘차게 날면 날개가 마치 하늘에 드리운 구름과도 같다."고 하였다. 대붕이 힘차게 날갯짓 하고 날아오르면 펼쳐진 날개는 마치 구름이 낀 듯 하늘을 뒤덮는다. "이 새는 해운(海運)을 만나 남명(南冥)으로 간다."라고 하였다. 이 새는 바다에 커다란 바람이 일면(해운이란 해상에 커다란 바람이 불 때를 뜻하며, 자연을 대표한다) 그 바람에 의지하여 남쪽으로 날아간다. 북쪽 바다에서 남쪽 바다로 날아간다. 이 남쪽 바다가 남명이다. 여전히 형이상적인 바다요 하늘에 있는 해양이지 이 세상에 존재하는 물리적인 바다가 아니다. 도가에서 수양이나 수행은 자연과 하나가 되는 것이다. 우리는 작게 태어나서 양적으로 성장할 뿐만 아니라 질적인 변화를 이룬다. 그러나 이것만으로는 부족하다. 자연으로 돌아가 천지와 하나가 되어야만 한다. 궁극적으로 자연의 커다란 변화와 발맞추어야 한다.

천국은 이 세상에 있지 신대륙에 있지 않다

"남명은 천지(天池)다." 북해에서 남해로 날아가 살아야 한다고 말한다면 북해는 별로 좋지 않은 곳이고 남해가 축복의 땅이라고 여길 수도 있다. 그래서 장자가 "남명은 천지다."라고 말한 듯하다. 천지는 천국이요 천상이다. 그러나 인간은 처음부터 이 땅 위에 뿌리를 내리고 살아왔다. 앞으로도 그럴 것이다. 자신을 수양하여 위로 날아 오르면 이 땅이 바로 천국이 된다. 『장자』를 해석할 때 『장자』 각 편의 체계에 맞추어 장자의 뜻을 이해해야 한다. 이 세상이 고통스러운 것은 세상이 나빠서가 아니다. 사람이 문제다. 수양을 통하여 '진인(眞人)'의 경지에 오르면 이 세상이 천국으로 변하게 된다.

이 이야기에 대한 가장 큰 오해는 인생의 이상은 북해에서 남해로 날아가는 데에 있다고 여기는 것이다. 우리나라는 북명이고 미국, 뉴질랜드, 호주, 캐나다가 남명이라고 여기는 것이다. 많은 사람들이 해외로 이민을 간다. "여기는 북명이고 살기 힘든 땅이니 빨리 날아가자! 돈 모아서 외국 가자. 외국이 천국이다."라고 외친다. 그러나 장자의 뜻은 이게 아니다. 인생이 도피라면, 북명에서 남명으로 도망가듯 간다면, 무엇 때문에 작은 것에서 큰 것으로 성장하고 다시 질적인 변화를 이루어야 한다고 말했겠는가? 인생이 이상적이지 못한 까닭은 우리가 너무 작기 때문이다. 가슴을 활짝 열고 정신적인 비상을 한다면, 모든 사람의 가슴은 확 트일 것이고, 기백을 가지고 수양을 이루어 크게 성장하고 날아오를 수 있을 것이다. 이렇게 되면 북명이 바로 남명이요, 이 세상이 바로 천국인 것이다.

이렇게, 우리는 장자의 뜻을 도망가는 것이라고 오해해서는 안 된다. 대붕이 보잉 747기라면, 이 747기를 타고 마치 대붕이 힘차게 날아오르듯 날아올라 어디로 가려고 하는가? 미국? 캐나다? 장자는 이런 뜻으로 말한 것은 아니다. 그래서 장자는 참새 한 마리를 끌어들여 대붕과 대화를 시킨다. 이 이야기의 조연인 참새는 대붕의 비상을 불가사의하게 여기며 말한다. "대붕아, 인생의 소요를 하필 너처럼 이루어야 하느냐? 그렇게 크게 자라고 그렇게 높이 날아야만 하냐? 나처럼 이 아래서 이리저리 자유로이 날아다니며 소요하면 되지 않겠니?" 장자는 작은 새 한 마리를 끌어들여 그렇게 높이 올라야 하고 그렇게 멀리 날아야 하는 대붕을 조롱한다. 참새는 수풀 속에서 이 가지 저 가지로 날아다니며, 미끌어지고 떨어져도 다시 날아오르면 그뿐, 여전히 자유롭다. 참새는 아마도 대붕이 날다가 떨어지면 커다란 문제가 발생할 것이라고 여기고 있는 듯하다. 헬리콥터가 떨어지면 그렇게 커다란 참사는 일어나지 않을 것이다. 그러나 만약 747기가 떨어진다면? 장자는 "참새가 어찌 대붕의 뜻을 알겠느냐." 며 대붕의 경지를 잘못 이해하는 작은 새를 꾸짖는다.

북명이 곧 남명이라는 사실을 다시 한 번 강조하겠다. 누구든 자기 자신을 갈고 닦아 작은 것에서부터 크게 성장하고, 다시 정신적 비상을 이루어 자연과 하나가 된다면, 북명이 곧 남명이 되고, 남명은 북명을 떠나 따로 존재하지 않게 된다. 이것이 바로 천인합일의 경지이다. 유가든 도가든 관계없이 일치하는 동양의 정신이다.

서양의 한 문학가가 다음과 같은 이야기를 하였다. 어느 날 천당의 문이 열렸다. 세상 모든 사람들이 줄서서 들어가고 마지막 한 사람만

남아서 들어가기를 거부하였다. 누군가 "어렵사리 천국의 문이 열렸는데 왜 들어오려고 하지 않는 것이오?" 라고 묻자, 그 사람은 "이 세상 사람들이 있는 그대로 다 들어갔는데도 천당이라 할 수 있겠소?" 라고 말해 주었다고 한다. 아마도 지구상 모든 사람들이 달로 이사 간다면 달도 똑같이 오염되어 살 수 없는 땅이 될 것이다. 모든 사람들이 천국에 들어가야만 되는 것이 아니다. 변해야 한다. 모두가 천사 같은 마음을 지니게 될 때 이 세상이 바로 천국이 될 것이다. 모든 사람들이 천국에 들어간다면 천국이 인간 세상으로 변할 것이다. 그 때가 되면 아마도 이 지구가 가장 아름답게 보일 것이다. 우주 공간에서 찍어 보내온 지구의 모습을 보라. 얼마나 아름다운가!

장자는 우화를 통하여 우리에게 인생의 이상을 추구하라고 말한다. 가장 중요한 것은 변화이다. 이 땅에 원래부터 생태 문제, 환경 문제가 있었던 것은 아니다. 인간이 문제다. 인간의 무지막지한 개발에서 문제가 발생했다. 우리나라를 보라. 공해, 교통 혼잡, 몰염치…. 삶의 질이 형편없어졌다. 원래는 금수강산이었는데, 예의의 나라였는데… 왜일까? 그래서 인문학을 이야기해야 한다. 그래서 철학을 이야기해야 한다.

공명을 이루다

“남명은 천지(天池)다.” 우리는 우리나라가 천지로 바뀌기를 기대한다. 어느 세월에 실현되겠는가? 그러나 길은 있다. 작은 것에서 크게 자라고, 다시 비상하여 자연과 조화를 이루어야 한다. 과도한 개발을 중지하고 자연을 파괴하지 말아야 한다. 물론 도가에서 말하는 자연이 지금 말하는 물리적인 자연을 의미하는 것은 아니다. 단지 이 기회를 빌려 다시 한 번 반성해 보고자 함이다. 도가에서 말하는 자연은 천상의 자연이지 원시림이 빽빽한 자연이 아니다. “도는 자연을 본받는다.”라는 말에서의 자연은 자유자재를 일컫는다. 타재타득은 타연(他然)이고 자재자득이 자연(自然)이다. 인생은 자연스러워야지 타연스러워서는 안 된다. 소요유는 대붕이 힘차게 비상하는 이야기를 빌려 우리에게 인생은 수양해야 하고 비상해야 한다고 말해 준다. 인생의 이상적인 경지인 천지를 추구해야 한다고 말해 준다.

대붕의 비상이라는 우화에 이어서 인생의 네 가지 차원을 말한다. 첫 번째 차원은 “지식은 관직 하나를 맡을 만하고, 행동은 한마을 사람들을 부릴 만하며, 품성은 군주의 요구에 들어맞고 한 나라 사람들의 신임을 얻을 수 있는 사람”이다. 일반 세속의 눈으로 보면 대단한 사회적 성취를 이룬 인물들이다.

그러나 송영자(宋榮子)는 그런 사람들을 비웃는다. 왜냐하면 그런 사람들은 겉으로 드러나는 것에서 자신의 만족을 구하기 때문이다. 공명은 국가로부터, 군주로부터, 마을로부터, 관직으로부터 온다. 모두가 밖에 있는 것들이다. 외재외득이요 타재타득이다. 밖에서 구하기 시작하는 순간 우리는 주권을 잃게 된다. 우리는 미국에서 너무 많은 것을 얻으려고 해서는 안 된다. 미국에서 얻는 것이 많아질수록 내정간섭을 초래하게 될 것이다. 미국의 비호를 계속 원하면 우리 나라는 삼류 국가로 전락하고 말 것이다. 그래서 송영자는 비웃는 것이다.

존엄한 삶

두 번째 차원은 "내외의 분별을 정확히 하고, 영욕의 경계를 변별할 줄 아는 사람"이다. 그는 내적인 것이 진짜 영예롭다고 여긴다. 사람은 자신 안에서 살 때 비로소 영예롭게 된다. 밖에서 구하면 욕될 것이다. 사람들은 천하의 은총을 받기를 바라지만, 그 자체가 굴욕인 줄 모른다. 인격의 주권을 잃어버리는 것인 줄 모른다. 내가 어떠한가? 내가 잘 살고 있는가? 모든 것을 다른 사람의 결정에 맡기고 자신에 대한 믿음은 조금도 가지지 못한다. 나 어때? 나 오늘 즐거워 보여? 내가 계속 살아갈 가치가 있는 것 같아? 끊임없이 남에게 묻는다. 이제 이런 물음은 거두어야 한다. 살아 있는 마지막 날까지 내 스스로 선택하고 결정해야만 한다. 송영자가 말하였듯 지식이 관직 하나를 맡을 만한 사람은 겉에서 공명을 구하는 사람이다. 장자는 내적인 것이 참된 영예라고 말한다. 외적인 것은 반드시 욕을 당할 것이라고 말하고 있다. 우리는 외적인 것에 너무 많이 기대서는 안 된다. 기대는 것이 많으면 존엄성을 잃게 될 것이다. 영예는 존엄성에 깃들어 있다. 자신의 내적인 정신세계에서 생활하고 내적인 자아 수양을 이루게 될 때 우리는 비로소 자신의 존엄성과 영예를 지킬 수 있다. 사회에 발을 들여놓고 누구에겐가 기대기 시작하는 순간 굴욕으로 변한다. 송영자는 빙그레 웃으며 굴욕의 길로 가지 않았다. 송영자는 무공무명(無功無名)의 경지를 이룬 사람이다. 그러나 무기(無己)의 경지에까지는 오르지 못한 사람이다. 그는 유기(有己)의 세계에 머물러 있다. 그는 스스로를 가두고 있다. 자신을 보호하는 것 역시 자신을 가두는 것이다.

무협 소설에 금종조(金鐘罩)라는 무공이 나온다. 온몸을 금종으로 두른 듯하여 창도 칼도 뚫고 들어가지 못한다. 그러나 금종조 안에 있는 사람도 나오지 못할 것이라는 생각은 해 보았는가? 쇠종으로 자신을 둘러싼다면 어떻겠는가? 그 안에 있으면 안전할 것이다. 영예롭고 굴욕을 당하지 않을 것이다. 그러나 그것은 스스로 자신을 가두는 행위이다. 안에서 지키며 곤경에 빠지는 무공이다.

무공을 익힐 때 어디에다 조문(罩門)을 두어야 하는가? 금종조는 반드시 조문을 수련해야만 한다. 왜냐하면 공기가 통할 틈이 있어야만 하기 때문이다. 그러나 밖에서 뚫고 들어올 수도 있기 때문에 동시에 약점이 되기도 한다. 우리는 그 틈으로 공기를 들이거나 내보내지만 외부 사람들도 그곳을 통하여 쳐들어올 수도 있기 때문에 다른 사람들이 알지 못하도록 수련하여야만 한다. 금종조의 약점은 조문에 집중되어 있기 때문에 혈을 짚이기만 하면 끝장이다. 인생은 조문을 수련하는 것과 같다. 어디에 조문을 두어야 할 것인가? 가장 아끼는 것이 가장 큰 약점이다. 가장 강한 곳이 동시에 가장 큰 약점이 되기도 한다. 영원히 잊지 말아야 한다. 조문이 바로 그러하다는 사실을, 공력을 쌓는 것은 바로 약점을 드러내는 것이라는 사실을. 송영자가 비록 외부 세계의 이해득실과 단절하고 내적인 존엄성을 지켜 내기는 하였지만, 그러나 사실은 자신을 성탑에 가두고, 또한 금종조 수련을 통하여 철갑을 입어서 창도 칼도 두렵지 않지만 오히려 스스로 갇힌 꼴이 되었다.

바람을 타다

세 번째 차원은 열자(列子) 같은 인물이다. 열자는 바람을 타고 가볍게 날아다니는 사람이다. 열자는 송영자보다 한 차원 높은 인물이다. 송영자는 무공무명은 이루었지만 자신을 보호하려고 자신을 가두는 인물이다. 열자는 자신을 버리는 무기(無己)를 이루었다. 무기여야만 비로소 바람을 타고 갈 수 있다. 우리 같은 보통 사람들은 불가능한 경지다. 거센 바람이 몰아칠 때 우리는 그 바람에 맞서 싸워야만 땅 위에 발을 딛고 서 있을 수 있다. 바람을 거슬러 가려 하면 바람에 밀려 자빠질 수도 있다. 따라서 바람에 맞서 한 발 한 발 디디며 갈 길을 찾아야만 한다. 이는 나를 버리지 못했음을 상징한다. 열자는 바람이 일면 날아오른다. 자신을 버렸기 때문에 날아올라 바람을 타고 갈 수 있는 것이다. 무대에 서면 자신을 버려야만 한다. 노래하라고 하면 나는 참 힘들다. 축구라면 모를까, 누군가 무대에서 춤추라고 하면 나는 절대로 추지 않을 것이다. 나를 버리기 힘들기 때문이다. 열자는 자신을 버릴 수 있었기에 바람을 타고 가볍게 다닐 수 있었다. 힘들이지 않고 자유자재로 다닐 수 있는 경지는 자신을 버리는 것에서 가능하였다.

열자가 송영자보다 높은 경지에 오를 수 있는 까닭은 자신을 버림에 있다. 그러나 그것은 신체적 수련에만 국한된 버림이다. 문제는 보름을 가면 다시 역풍을 만나 제자리로 돌아올 수밖에 없다는 데 있다. 부산까지 가려고 했지만 대전에서 다시 돌아오는 꼴이다. 바람을 타고 간다는 것은 바람이 나를 결정하는 것이지 내가 바람을 부리는 것은 아니기 때문이다. 단지 자신을 버려 바람에 의지하여 날아간다면 내가 원하는 곳으로 갈 수 없다. 따라서 열자의 경지도 참된 자유자재의 경지가 아니다. 나아가 몇십 년 수련을 쌓아 공중부양한들 어쩔 것인가? 결국 땅으로 내려오고 말 것을.

장자는 마지막으로 가장 이상적인 인간상을 제시한다. 바로 대붕이 힘차게 날아오르는 경지에 이른 사람이다. “지인은 자기가 없고, 신인은 공적이 없으며, 성인은 이름이 없다(至人無己, 神人無功, 聖人無名).”라고 장자는 말한다. 첫 번째 차원의 사람은 자기 자신을 버리지 않고 공명을 자신에게 끌고 와 성공한 사람들이다. 다음 차원의 인물은 공명은 버렸지만 여전히 자신을 버리지 못한 사람들이다. 열자는 비록 자신을 버려 더 높은 차원의 경지에 올라 선 사람이지만 장자가 생각하는 가장 이상적인 인물은 아니다. 자신을 참으로 버려야만 공명에서 떠날 수 있다. 자신을 버리고 나면 속세의 공명에 얽매이지 않게 된다. 공명을 이룬들 어디에 둘 것인가? 이미 내가 없는 것을!

기댐 없는 삶

장자가 생각하는 이상적인 인물이 자신을 버리는 것과 열자가 자신을 버리는 것은 차원이 다르다. 이상적인 인물의 무기(無己)란 정신적으로 자신을 버리는 행위이지 육체적인 행위가 아니다. 바람이 일면 바람을 타고 날아가다가 역풍에 다시 되돌아와야만 하는, 주체를 상실한 버림이 아니다. 열자는 물론 걸어다닐 필요는 없다. 그러나 이상도 목적도 없이 그저 바람 부는 대로 이리저리 쓸려 다닐 뿐이다. 바람 타기 놀이일 뿐이다. 가장 높은 경지인 '내가 없고, 공덕이 없으며, 이름이 없는' 지인(至人)·신인(神人)·성인(聖人)의 경지는 정신적인 자유자재의 경지이지 육체적 수련을 통하여 도달한 경지가 아니다. 정신적인 절대 자유의 경지다.

장자는 "천지의 바름을 타고 육기의 변화를 다룬다[乘天地之正, 而御六氣之辯]."라고 하였다. 천지에는 규칙이 있고 육기에는 변화가 있다(기상이나 기류에 변화가 있다는 말이다). 천지는 정도를 가고 육기에 기상이변 등의 변동이 있게 된다. 지인, 신인, 성인은 천지의 바름을 타고 육기의 변화를 다룬다고 하였다. 그러나 천지는 탈 수 있는 것이 아니고 육기는 다스릴 수 없는 것임을 우리는 너무도 잘 알고 있다. 사실 장자는 바로 탈 필요도 다스릴 필요도 없는 경지에 올라야 한다고 주장하고 있다. 이러한 경지에 올라야 진정으로 소요한다고 말할 수 있다.

우리 인간이 어찌 우주의 변화를 거느릴 수 있겠는가? 사실 그럴 필요도 없다. 천지만물과 더불어 살아가는 것이 바로 소요다. 더불어 살아간다는 것은 무엇을 뜻하는가? 천지와 하나 되어 천지를 따라 함께 운행하면 그것이 바로 소요가 아니겠는가? 열자는 바람을 타고 날지만 사실은 바람이 열자를 부리는 것이다. 최고의 경지에 오르면 자기가 사라지고 천지만물과 하나가 된다. 즉 '천지가 나와 더불어 양육되고 만물이 나와 더불어 하나가 되는' 경지를 이룰 수 있는 것이다.

그렇다고 하여 좋은 날을 골라 산보하는 것을 소요라고 하는 것은 아니다. 비가 내리거나 태풍이 불어와도 소요해야 하고 일할 때에나 책을 읽으면서도 소요해야 한다. 방학 때에나 퇴근 후에 소요하라는 말이 아니다. 이 복잡한 서울, 퇴근 후 어디서 소요하란 말인가? 어떤 때에는 번잡함을 피하려고 일부러 야근하고 8시 넘어 퇴근한 후 집으로 돌아오기도 한다. 따라서 장자는 탈 필요도, 부릴 필요도 없이 어디에서든 소요하라고 주문한다. 수십 년간의 수련을 거쳐 우주의 변화를 꿰뚫은 다음 소요할 필요도 없다. 비록 서울의 복잡한 인간 군상들 속에 섞여 걸을지라도 소요할 수 있다. 어떤 비극이 닥쳐도, 어떤 곤란을 당해도, 어떤 상황에서도 소요할 수 있어야 참된 소요요, 장자가 말하는 소요다.

『장자』를 해석한 곽상은 "만나서 타는 것가운데 소요 아닌 것이 없다."라고 하였다. 우리는 누구나 무엇인가와 마주하고 있다. 학생은 시험과 마주한다. 시험만 없다면 학생은 소요할 수 있을 것이다. 직장인은 아침 출근과 마주하고 있다. 휴일을 만나 출근하지 않을 때 한가로움을 느낄 수 있을 것이다. 그러나 이것은 유대(有待)의 세계다. 일주일에 한 번만 소요하고 나머지 6일은 피곤하게 지낸다면 참된 소요라고 할 수 있겠는가? 일요일이면 여기저기 사람들로 가득 찬다. 일주일 가운데 가장 피곤한 하루가 되기도 한다. 벚꽃이 활짝 피면 윤중로는 오히려 아름다움을 잃어버린다. 사람들로 넘쳐나기 때문이다. 종로를 걷는 것이 오히려 한가로이 느껴질 것이다. 무대(無待)는 기다릴 필요가 없다. 자유자재롭게 노닐 날을 기다릴 필요가 없다. 내 스스로 이미 자유자재롭다. 나는 기다리지 않는다.

탈 필요도 부릴 필요도 없다. 그 자리에서 소요하라

"천지의 바름을 타고 육기의 변화를 다룬다."는 말은 사실상 천지자연의 변화와 더불어 사는 것을 의미한다. 천지자연의 변화 바깥에 있지 않으면 아무 문제가 없을 것이다. 장자가 자기도 없고, 공덕도 없고, 이름도 없다고 할 때 표면적으로는 천지의 바름을 타고 육기의 변화를 다스려야만 참된 자유, 참된 소요를 할 수 있다고 말하는 듯하지만, 사실은 다만 천지자연의 변화와 함께할 따름일 뿐, 탈 필요도 다스릴 필요도 없다는 의미다. 그래야만 천지자연에 매이지 않게 되고 참된 무대(無待)의 경지를 이룰 수 있다. '소요유'를 단 두 자로 해석한다면 '무대'가 가장 좋은 해석이다. 아무 조건도, 아무 기대도 없을 때 우리는 소요할 수 있게 된다.

장자가 육체적 수련을 통하여 무한한 법력을 얻은 다음 천지의 바름을 타고 육기의 변화를 부릴 수 있어야 한다고 주장한다고 오해해서는 안 된다. 육체적 수련이 아니라 정신적 자유자재다. 정신적 자유자재란 천지(天池)와 하나가 되는 경지이다. "해운(海運)을 만나 남명(南冥)으로 간다. 남명은 천지(天池)다." 바다에 바람이 일면 그대로 바람에 맞추어 가야만 한다. 우리는 자연에 순응하여 인생의 길을 걸어야 한다. 자연에 맡겨야만 한다. 자연이 소요하면 우리도 소요해야 한다. 비가 오나 눈이 오나, 더우나 추우나 소요하고, 출근할 때도 책 읽을 때에도 소요해야 한다. 무엇을 만나든 만난 것과 함께 해야 한다. "만나서 타는 것 가운데 소요 아닌 것이 없다." 비가 오면 비가 오는구나 여기면 된다. 더우면 덥구나 여기면 그만이다. 더위 밖으로 도망가려 하지 않으면 더위를 느끼지 않게 될 것이다. 왜냐하면 더위와 하나 되기 때문이다.

인생은 운명이다. 고통에 찌든 운명을 지니고 태어나는 사람도 있다. 운명을 인정하고 그 고통을 내 것으로 받아들인다면 그렇게 고통스럽게 느끼지 않게 될 것이다. 인정하자. 세상사가 그런 것임을. 그런 것이 우리나라이고, 그런 것이 세상이다. 그런 것들이 내가 겪어야 할 것들이다. 여기는 내 나라다. 우리는 지구인이다. 피할 수 없다면 바로 인정해 버리자. 그러면 고통이 사라질 것이다. 차가 막힐 때 소요하자. 일로 바쁠 때 소요하자. 바쁘지 않다면 소요할 필요가 있겠는가? 장자는 산보하는 사람에게서 배우라고 가르친다. 그 한가로운 사람에게 우리는 노자·장자를 배우러 왔다고 말할 것이다. 그러나 실은 배울 필요도 없다. 그 자체가 노자·장자이기 때문이다. 우리가 노자·장자를 배우려는 까닭은 바쁜 사람이 되기 위해서다. 인생의 갖가지 일들을 껴안고 자유롭게 살고 싶어서이지, 무위도식하며 하루하루 시간을 소비하기 위해서가 아니다. 정신적인 여유를 가져야만 만나면 탈 수 있게 된다. 출근할 때나 일할 때도 가능하고 책 읽을 때도, 비가 올 때도, 무더울 때도 가능하다. 이런 것을 일러 "만나서 타는 것 가운데 소요 아닌 것이 없다."고 하는 것이다.

산보하는 사람이 되어 어디서든 소요하자

이 세상 어디서든 노닐 수 있다는 표현에 두 가지가 있다. 하나는 "어디에서 건 어울린다."라는 말이다. 이런 경지까지 수련해야 한다. 이것은 정신적인 자유를 일컫는다. 정신적 자유는 어디서든 가능하다. 다음으로 "만나서 타는 것"이라는 곽상의 해석으로, 매우 빼어난 이해다. 옛 사람들의 한마디 말이 어떤 때에는 음미할 가치가 충분하다. 현대 과학기술의 발전에 오만해서는 안 될 것이다. 21세기, 이렇게 발전했다고 해서 공자를 능가했다고 자신해서는 안 된다. 사실 우리는 곽상도 넘어서지 못했다. 주자를 넘어설 수 있겠는가? 인격을 말해야 하고 가치를 말해야지 물질을 말해서는 안 된다. 우리가 타 본 비행기를 공자는 타 보지 못했다. 공자에게 비행기는 아무런 가치도 없다. 누군가 억만금을 벌어 예수에게 달려가 고한다면 예수는 무슨 말을 해 줄 것인가? 우리가 예수 앞에 무릎 꿇는 것은 예수가 성자이기 때문이다. 징기즈칸, 당태종, 한무제가 무슨 소용이 있단 말인가? 부귀공명은 시대가 가면 사라지고 만다. 우리는 예수를 원하고 부처를 원하고 공자를 원한다. 재산도 권세도 지위도 그들 앞에 선 한 푼의 가치도 없다. 우리 같은 보통 사람에게도 시시하게 보이는 것들이 있는데 하물며 저 위대한 사람들에게 있어서랴!

"지금 이 자리에서 실천하라."는 말이 있다. 지금 이 자리에서 소요하라. 내일을 기다려 소요하겠다고 해서는 안 된다. 바로 지금이다. "이 한 개피만 피우고 담배를 끊겠다." "이번이 마지막 사는 담배다." 가능한가? 끊고 싶으면 지금 당장 불을 꺼라. 담배 곽을 당장 버려라. 바로 지금 이 순간이다. 딱 하루만 더 피고 끊겠다고 말하지 말라. 아무 소용없는 말이다.

담배를 피지 않는 것이 소요다. 물론 담배 피는 것도 소요일 수 있다. '끊겠다'는 말이 문제다. 나는 '끊겠다'는 말을 하지 않는다. 골초였던 나는 30여 년 전부터 지금까지 담배를 피지 않고 있다. 그러나 한 번도 담배를 끊었다고 말한 적이 없다. '끊겠다'는 말은 내게 지나친 스트레스를 준다. 오히려 구속이 된다. 나는 어떤 계기를 만나 자연스레 피우지 않게 되었을 뿐이다. 계율을 정해 자신을 압박하지 말아야 한다. 담배를 끊겠다고 자신을 압박한다는 것은 그만큼 담배를 좋아한다는 반증이다. 좋아한다면 영원히 끊을 수는 없다. 담배를 끊고 나면 슬퍼질 것이다. 자유를 잃었다는 느낌이 들며 자신을 미워하고 스스로에게 반항하게 되어 언젠가는 다시 피우겠다는 마음이 늘 한 편에 자리 잡고 있을 것이다. 담배를 끊었던 친구들이 다시 피우기 시작했다는 소식이 전해지면 빙그레 웃음이 나올 뿐이다. 지금 바로 이 자리에서 실현해야만 한다. 이것이 무대(無待)의 경지다. 무대는 아무 조건 없이 지금 이 순간 어디서든 가능하다. 이것이 곧 소요다.

무기(無己)를 이루면 이 세상 어디서든 노닐 수 있다

양혜왕이 혜시에게 커다란 박이 열리는 박씨를 내려 주었다. 혜시는 그 박씨를 심고 재배하여 커다란 박을 거두었다. 박의 용도는 호리병을 만들어 술을 담는 데 있다. 그러나 너무 크다보니 담긴 술의 무게를 견디지 못하여 들면 깨져 버리고 만다. 그래서 반으로 쪼개어 바가지를 만들었다. 그러나 크기는 하지만 깊지 못하여 물을 조금 밖에 뜰 수 없었다. 술병으로도 못 쓰고 바가지로도 못 쓰게 되자 혜시는 화가 나서 발로 밟아 깨뜨려 버렸다.

장자는 이 말을 듣고는 "그 커다란 박이 술병으로 쓸모 없다는 것은 자네가 인간의 입장에서 쓸모를 따져 아무 쓸모 없다고 여기는 것일세. 그 커다란 박의 입장에서 한번 생각해 보게. 그 커다란 박을 옆구리에 차고 다니다가, 물을 만나면 그것을 타고 물에 띄워 노닌다면 얼마나 즐거울 것인가? 뭐하러 발로 밟아 부셔 버렸는가?"라고 말해 주었다.

우리 인간의 입장에서 세상을 바라보지 말라는 말이다. 인간의 입장에서 바라보면 박은 술병으로나 바가지로만 써야 한다. 술병으로도 쓸모없고 바가지로도 쓸모없으면 부셔 버려야만 한다. 그러나 박의 입장에서 한 번 생각해 보았는가? 크고 가벼운 것이 물 위에 둥둥 떠다닐 수 있다. 허리에 차고 다니다가 물을 만나면 박을 타고 물 위에서 노닐면 더 이상의 즐거움이 어디 있겠는가? 왜 쓸모없다고 부셔 버리고 마는가?

살아가면서 이와 같은 일들이 왜 그리 많이 벌어지는지! 쓰임새에 따라 분류하여 "이건 쓸모 있고 저건 쓸모없으며, 저건 쓰임새가 적고 그건 쓰임새가 많아."라고 말하곤 한다. 이러한 비교 속에서 많은 사람들이 억울함을 호소한다. 우리는 쓰임새의 입장에서 모든 사람들을 바라보며, 사회적 표준에서 각 개개인의 됨됨이를 판단한다. 마치 혜시가 자신의 박을 술병으로도 바가지로도 쓸모가 없다고 여겨서 밟아 깨뜨리듯 그렇게 사람들을 대하곤 한다.

장자는 외친다. 인위적인 관점에서 벗어나 자연의 관점으로 승화할 수 없는가? 인위적인 표준을 버리고 자연의 관점에서 바라보면, 이 세상에서 쓸모없는 것은 아무것도 없다. 자연으로 돌아가서 이 세상 모든 것들의 쓰임새를 묻지 않는다면 오히려 무엇이든 다 쓸모가 있게 된다. 쓰임새로 사람들을 판단하지 않는다면 어느 누구 하나 사랑스럽지 않은 사람이 없다. 시험이 없으면 사랑스럽지 않은 학생이 없을 것이다. 시험이 없다면 선생님과 감정 상할 일이 없게 될 것이다. 시험 성적이라는 쓰임새로 학생들을 바라볼 때 70점 맞은 학생보다 30점 맞은 학생이 미울 수밖에 없지 않겠는가? 아이들은 모두 즐거울 권리가 있고 사랑받아 마땅하다. 시험만 없앤다면 모두가 순수하고 모두가 귀엽게 보일 것이다. 성적이 사랑의 기준이 되어서는 안 된다. 사회적 가치 표준의 집착을 벗어 던지기만 하면, 누구든 자신의 자연스런 순진함 안에서 살아갈 수 있을 것이고, 사랑 안에서 살아가게 될 것이다. 이것이 가장 인도주의적인 태도다.

인도주의는 각자 자신의 표준으로 세상 사람들을 바라보는 것이 아니라 상대방의 자리에 서서 상대방을 바라보는 것이다. 상대방의 자리에서 바라보라 함은 '무용(無用)'을 표준으로 삼아야 한다는 말이다. '무용'의 표준에서 바라보면, 쓸모없지 않은 사람은 하나도 없다. 누구든 순수하며 하나하나가 다 사랑스럽다. '무대(無待)'의 경지는 '무용'을 통하여 이루어진다. 도가는 삶의 가장 큰 스트레스는 인위적인 조작으로 만들어 낸 수많은 가치 표준에서 비롯된다고 여긴다. 자식이 잘 생겼다고 사랑하고 못 생겼다고 멀리 할 수 있겠는가? 부모 마음만 같아라!

쓸모없는 것이 오히려 크게 쓸모 있는 것이다

장한 어머니상은 장애 아동의 어머니에게 주어야 마땅하다고 나는 생각한다. 그 아이를 위하여 일생을 바친다는 것이 얼마나 위대한가! 인생은 본래 그런 것이다. 잘 생기고 못생기고, 똑똑하고 그렇지 않고의 관점에서 사람을 바라본다면 너무 불공평한 것 아니겠는가? 이 땅에 참된 인도주의를 실현하려면 마땅히 무용(無用)·무대(無待)의 길을 걸어야만 한다. 일정한 가치 표준을 없애고 나면 착하지 않은 사람이 없게 된다. 아름답지 아니한 사람이 없고 한 사람 한 사람 다 소중할 것이다. 이것이 도가의 이상이다. 학교에 가기 전에 그렇게 귀엽던 아이가, 방긋 웃는 모습만 보아도 이 세상 모든 근심을 흔적 없이 사라지게 하던 그런 아이가, 학교에 들어가고 나면 왜 미워지기 시작하는지. 왜 사랑스러운 내 아이가 선생님 눈 밖에 나야만 하는지. 성적이 문제다. 표준이 문제다. 왜 아이에게 슬픔을 안기고 부모에게 좌절감을 안겨야 하는가? 자랑스러운 내 아이가 왜 학교에 가면 삼류 인간으로 전락해야 하는가!

모든 사람에게 자신이 원래부터 지니고 태어난 순진함과 사랑스러움을 되찾아 줄 수는 없는가? 무용(無用)이 답이다. 무대(無待)가 길이다. 쓰임새에서 기댐이 나온다. 뛰어나고 쓸모 있어야만 좋은 자식이고 좋은 학생이라면 이 얼마나 무정한가? 그것은 조건적인 사랑이다. 가짜 사랑이다. 대학에 떨어져도 자식은 자식이다. 이것이 진짜 사랑이다. 내 아이가 몇 점을 맞아 오던 나는 안아 주었다. 점수가 낮을수록 오래 안아 주었다. 부모에게서가 아니면 어디에서 위로를 받겠는가? 이 세상 모든 부모에게 외치고 싶다. 내가 낳은 자식, 시험을 못 보아도 내가 낳은 자식이 아닌가! 예전에 딸아이가 웅변대회에 나가 번번히 입상에 실패할 때 "나는 그렇지 않았는데 너는 왜 그 모양이냐?"라고 말하자 딸이 눈을 흘기며 "아빠가 그렇게 낳은 걸 어떡하란 말이에요."라고 대꾸했다. 생각해 보니 틀린 말이 아니어서 "미안하구나 내가 너를 그렇게 낳아서."라고 바로 사과한 일이 생각난다. 어머니가 강연을 잘했기 때문에 내가 지금 이 자리에서 강연할 수 있게 되었다. 그래서 나는 한 번도 내가 강연을 잘한다고 생각한 적이 없다. 사실은 어머니를 대신하여 강연하고 있을 뿐이다. 어머니 생전에 나는 어머니께 "건강이 좋지 않다고 너무 상심하지 마세요. 내가 매일 밖에서 어머니 대신 강연을 하고 있잖아요. 내가 강연하는 것이 아니라 어머니가 강연하는 거예요. 어머니가 없었다면 내가 어찌 이 세상에 태어날 수 있었겠어요."라고 말씀드리곤 하였다.

내 딸이, 내 아들이 웅변을 잘 못해도 나는 할 말이 없다. 무대무용(無待無用)이다. 무용이란 내 자식들이 쓸모없다는 말이 아니다. 웅변이라는 기준을 없애야 한다는 말이다. 웅변이라는 기준을 버리고 내 자식들을 바라보는 것이 무용이다. 어떤 특정한 기준으로 학생들을 판단하지 않는 것이 무용이다. 특정한 기준을 버린다면 스승과 제자 간의 거리가 사라질 것이다. 천지와 더불어 양육되고 만물과 하나가 될 것이다. 학생들과 하나가 될 것이고 아이들과 하나가 될 것이며 순수함과 사랑스러움과 하나가 될 것이다. 아이들이 귀찮고 지겹게 느껴지지 않게 될 것이다. 그 아이가 바로 나일진댄 어찌 귀찮다 하겠는가! 내가 아니고 남이기 때문에 귀찮은 것이다. 그가 바로 나이다. 소요유, 자신을 풀고 나면 세상이 넓어진다. 왜일까? 자신에 대한 집착을 버리고 나면 전 세계를 품에 안게 된다. 모든 사람을 품에 안게 된다. 자신이 사라지기 때문이다. 그들과 함께하기 때문이다. 함께라면 이 세상 어디서든 노닐 수 있다. 나날이 즐거운 날이고 매일매일이 새로운 날이다. 바로 지금이다. 지금 이 자리에서다. 소요 아님이 없고 노닐지 아니함이 없다.

2. — 제물론 : 물아의 평등

소요유에서 제물론으로

『장자』 제1편인 「소요유」에서는 주체적 생명의 초월과 승화를 주제로 다루었다. 즉 한 사람이 어떻게 유한한 자아로 다사다난한 이 세상에 살면서, 유한함을 풀어헤치고 무한함을 열어젖힐 수 있는가에 대하여 말하였다. 유한함을 풀어헤치는 것이 '소(逍)'이고, 무한함을 열어젖히는 것이 '요(遙)'다. 오직 유한한 자아에서 벗어나 무한한 자아를 찾아야만 이 세상에서 노닐 수 있다. 이것이 소요유다. 소요유는 한마디로 자아의 초월과 승화이다.

철학이든 종교든, 자아에 관심을 기울이는 것에만 그치지 않고 세계로 넓히는 데 그 가치가 있다. '소요유'가 자아의 구원이라면 '제물론'은 모두의 구원이다. 소요유에서 제물론(齊物論)으로 나아감은 자아의 완성에서 세상의 평등, 즉 중생 평등으로 나아감을 의미한다. 유가에서는 사람이면 누구나 요임금이나 순임금처럼 될 수 있다고 하고, 도가에서는 누구나 진인이 될 수 있다고 한다. 반드시 소요유에서 제물론으로 나아가야만 한다. 그렇지 않고 소요유만 말한다면 아라한은 될 수 있어도 대보살은 될 수 없다. 대보살은 반드시 모든 중생을 구원해야만 한다. 유가에서는 수신 다음으로 반드시 치국 · 평천하를 말한다. 도가도 자아의 초월과 승화를 뛰어넘어 만물일체를 말한다. 바로 제물론이다.

먼저 우리는 '물론(物論)'이 무엇을 의미하는지 알아야 한다. 또 무엇이 제 '물'이고 무엇이 제 '물론'인지 알아야 한다. 전통적으로 두 가지 해석 방법이 있다. 그중 하나는 '제물의 이론'이다. 만물의 평등을 주장하고 중생 평등을 외친다. 우리는 누구나 평등한 존재이다. 그러나 그러한 평등 배후에 한 가지 매우 중요한 관점이 뒷받침하고 있다.

제 '물'의 길은 제 '물론'에 있다

어떤 철학이나 종교에서는 모든 사람이 다 구원받을 수는 없다. 일반적으로 종교 신앙에서는 믿는 자만이 구원받을 수 있다고 외친다. 묻고 싶다. 믿지 않는 사람은 어쩌란 말인가? 만물은 평등해야 한다. 만물 배후에 있는 종교 신앙이나 철학 이론도 평등해야만 한다. 기독교는 불교를 배척하고 불교는 기독교에 대항하며, 유가는 도가를 비판하고 도가는 유가에 반항한다면, 이렇게 서로 다른 종파하에서 만물은 평등해질 수 있는가? 참된 평등 세계가 실현될 수 있을까? 중생 평등, 만물 평등을 실현하려면 유가나 도가 등이 서로의 이론을 인정해 주어야 하고, 불교나 기독교 등 종교는 각각의 교의를 인정해 주는 것에서부터 출발하여야만 가능하다. 그런 이후에 만물 평등을 이야기할 수 있다. 전통적으로 제물론에 대해서 두 가지 해석이 있다. 하나는 만물을 가지런히 하는 것, 즉 만물 평등을 이야기한다. 다른 한 가지는 이 세상의 시시비비를 없애고 각 종교 간의 교의 및 철학 사상에 차별을 두어서는 안 된다는 해석이다. 앞의 해석은 제물/론으로 끊어 읽는 것이고, 뒤의 것은 제/물론으로 끊어 읽어야 한다.

평등이냐 불평등이냐 여부는 종교 이론이나 교의 및 철학 사상을 기초로 하여 판단한다. 그러므로 제 '물' 에서 제 '물론' 까지 함께 이야기하여야만 한다. 둘은 나누어서 볼 수 없다. 만물 평등, 즉 제 '물' 론은 별 문제없이 받아들일 수 있다. 그러나 만물 평등은 만물의 존재 이론과 떨어져 이야기할 수 없다. 만약 유가의 '성선설' 이 없었다면 동양에서 인간을 정의하기 쉽지 않았을 것이다. 인간이 평등하다는 점은 유가의 성선설이나 노자의 『도덕경』, 혹은 장자의 『남화경』 등에서 나타나는 인간에 대한 정의를 기초로 하여야 드러난다. 그렇지 않다면 우리는 무엇에 근거하여 인간에 대한 정의를 내릴 수 있겠는가. '물' 은 인물이요 만물이다. 그러나 인물이 위주가 되어야 한다. 따라서 만물 평등 이론은 인간평등 이론이라 할 수 있다. 인물이 중생이요 만물도 중생이다.

'물론'은 존재론에서 나온 가치관이다

무엇을 일컬어 '물론'이라 하는가? 물론은 '만물이 무엇인가, 만물을 어떻게 바라보아야 하는가.'에 관한 이론으로, 반드시 종교 신앙이나 철학 이론을 통하여야만 해석이 가능하다. 만약 우리 인간에게 물론이 없다면 인간은 단지 생물학에서의 '생물'로 불릴 것이다. 만약 인간이 생물학적 생물, X-ray나 레이저에 투사되는 생물이라면, 그것은 생리적 기관만을 지닌 존재물일 뿐이다. 그렇다면 존엄성을 어디에서 찾을 수 있겠는가? 사람들은 의사 앞에 서기를 별로 좋아하지 않는다. 왜냐하면 의사 앞에서 우리는 생물로 변하기 때문이다. 거기에서는 존엄성이 사라지고 단지 생리 기관만이 존재할 뿐이다. 우리는 X-ray나 MRI에 의해서 투시되는 것을 좋아하지 않는다. 왜냐하면 그곳에는 '물'만 남고 '론'은 사라지기 때문이다.

우리는 특정한 종교 신앙이나 철학 이론에서 인간 존재의 기초나 존재 이유를 찾을 수 있다. 그중 가장 간단한 것이 '성선설'이라 할 수 있다. 사물에는 사물의 본성이 있고 인간에게는 인간이 본성이 있다. 이 이론은 인간에게 선한 본성이 있기 때문에 인간은 존엄한 존재임을 알려 준다. 인간은 존엄한 존재이기 때문에 하늘을 떠받치고 땅 위에 우뚝 서서 이 세상과 더불어 살 수 있다. 이 점을 빼고 보면 인간은 얼마나 나약한 존재인가! 인간은 불의의 사고를 막을 수 없는 존재요, 찾아오는 병마를 막을 수 없는 존재다. 인생은 또 왜 이리도 짧단 말인가! 당당한 한 사람이 되려면 반드시 자신의 '물론'을 찾아야만 한다. '물론'을 찾고 나면 인생이 아무리 짧아도 존엄하게 살아갈 수 있게 된다. 매분 매초마다 무한한 생명을 펼칠 수 있을 것이다. "나는 기독교인입니다." "나는 불교도입니다." "나는 성당에 다닙니다." "나는 유교를 신봉합니다." "나는 도가의 실천자입니다." 모두가 다르다. 삼시 세끼 반찬도 다르고 하루 24시간, 매분 매초가 다 다르다. 매순간이 천도요 천리요 양심이요 자비요 박애다. 이렇게 '물론'이 만물 존재 이론의 기초다.

존재 이론의 기초는 생물학적 연구나 해부학적 연구를 가리키는 것이 아니다. 인간의 가치가 무엇인가, 왜 존엄한가를 찾는 작업이다. 따라서 만물 존재 이론의 기초는 철학이나 종교에서 다룬다. 만물 평등을 이루려면 우선 먼저 '물론'의 평등을 이루어야만 한다. '제물론'의 가장 간단한 현대적 의의는 바로 종교 간의 평등이다. 불교·기독교·이슬람·유교·도교…. 모든 종교는 평등해야 한다. 종교 평등을 이루어야만 이 세상 모든 중생의 평등이 이루어질 것이다. 그렇지 않다면 이교도를 보면서 왜 저런 잘못을 저지를까 느끼며 연민에 가득 찬 눈빛으로 가련하게 대할 것이다. 그것은 평등한 지위에서 상대방을 바라보지 않기 때문에 일어나는 현상이고, 이러한 현상은 현대인이 안고 있는 중요한 과제 가운데 하나이다.

천도로부터 중생 평등을 바라보다

종교는 인간을 구원하기 위해 존재한다. 그러나 종교적 편견이 오히려 각 민족이나 국가 간의 충돌을 야기한다. 본디 인간을 구원해야 할 종교가 오히려 전쟁의 도화선으로 변하니 어디서부터 이야기해야 한단 말인가! 두 가지 해결 방법이 있다.

첫째, 통일이다. 전 세계 모든 종교 신앙을 통일하여 하나로 묶는 방법이다. 이 세상 모든 사람들이 단 하나의 종교만을 믿는다면 어떠한 편견도 갈등도 대항도, 나아가 전쟁도 일어나지 않게 될 것이다. 종교 신앙을 통일하면 문제는 바로 해결될 것이다. 그러나 종교는 통일할 수 없다는 사실은 누구나 잘 알고 있을 것이다. 이스라엘과 팔레스타인 사이의 갈등과 전쟁이 단적인 예이다. 설사 모든 것을 통일할 수 있어도, 종교만은 통일할 수 없다. 누구든 상대방의 종교 신앙을 부정할 수 없다. 왜냐하면 종교 신앙은 한 민족, 한 문화의 정점에서 있고 마지막 보루이기 때문이다. 종교 신앙에는 민족의 영혼이요 생명이 깃들어 있다. 따라서 절대 상대방의 종교 신앙을 반대해서는 안 된다. 그것은 양보의 여지가 없다. 신명은 양보할 수 없는 절대적인 것이다. 하나님, 부처님은 절대로 양보할 수 없는 존재다. 어떠한 통일의 기도로도 이룰 수 없을 것이다. 그것은 불가능한 일이며 오히려 너무나 커다란 후유증만을 남길 뿐이다. 정치적 힘·군사력·미사일·탱크 그 어떤 것을 사용한다 하더라도 종교의 통일은 불가능하다. 목숨을 걸고 싸울 것이다. 민족 전체가 들고 일어날 것이다. 수천 년을 이어 싸울 것이다. 종교의 통일은 결코 이룰 수 없다.

두 번째 방법은 취소하는 것이다. 통일이 불가능하다면, 차라리 종교를 없애 버리면 어떻겠는가? 분쟁의 여지가 없어지는 것 아닌가! 우리의 편견이 종교에서 오는 것이라면 모든 종교를 없애자. 그렇다면 원만하게 해결되는 것 아니겠는가. 맞다, 아마 그럴 수 있을지도 모른다. 그러나 한 가지 사실, 우리는 원시인으로 되돌아가야만 할 것이다. 까마득히 먼 옛날 원시시대부터 지금까지 진화해 오면서, 종교가 있었기에 우리 인간은 존엄한 존재로 살아올 수 있었고, 영원함, 사상, 평화가 있을 수 있었다. '물'에서 '물론'으로의 발전은 문화적인 진보를 의미한다. 오늘날 종교 신앙 간의 대립은 인류의 부담으로 변해 버렸다. 차라리 종교 신앙 자체를 없애 버리는 것이 나을 수도 있다. 그러나 없애고 나면 우리 인간은 다시 원시시대로 되돌아가야만 할 것이다. 생리적 욕구만을 지닌 인간, X-ray에 의해, MRI에 의해 투시되는 인간이 될 것이다. 그곳에는 존엄도 가치도 없을 것이다. 짐승과 무엇이 다르단 말인가? 따라서 두 가지 방법 모두 바른 길이 아니다.

종교는 없앨 수도 없고 통일할 수도 없다

인간에게 종교가 없을 수 없다. 종교를 없앨 수는 없다. 종교를 없앤다면 원시시대로 되돌아가야만 하기 때문이다. 또한 통일할 수도 없다. 통일하려 한다면 생명 가장 깊은 곳에 자리 잡은 뿌리를 건드는 결과를 낳을 것이다. 땅을 빼앗을 수는 있다. 그러나 종교 신앙까지 없애려 한다면 끝없는 투쟁에 시달리게 될 것이다. 따라서 없앨 수도 없고 통일할 수도 없는 것이 바로 종교다. 없앨 수도 통일할 수도 없다면 우리는 제3의 길을 찾아야만 한다. 장자가 바로 제3의 길을 제시하고 있다.

우리는 '물론' 을, 종교 신앙을, 철학 사상을 필요로 하는 존재이다. 종교와 철학이 있어야만 우리는 단지 생물로만 존재하지 않을 수 있다. 우리는 인물, 즉 인간이다. 인간에게는 심령이 있다. 인간은 만물의 영장이다. 이 심령이 바로 우리 인간들의 '물론' 이다. 인물도 동물도 모두 만물에 포함된다. 그러나 인간만이 '물론' 을 지닌다. 동물의 세계에는 종교 신앙도 철학 사상도 존재하지 않는다. 이러한 종교나 철학 때문에 인간은 존엄한 존재가 될 수 있다. 그러나 종교나 철학의 각 교파나 학파 사이에 존재하는 질시와 갈등과 분쟁을 어찌

할 것인가?

간단한 예를 하나 들어 보겠다. 누구나 자신의 아들딸이 열심히 공부하길 바란다. 열심히 공부하여 여러 방면에서 사람답게 살며 존엄함을 잃지 않고 살아가기를 희망한다. 누구는 S대에 들어가고 누구는 Y대 · K대에 혹은 기타 대학에 들어갈 것이다. 그러나 일류를 따지고 이류, 삼류로 나누며 혹은 서울과 지방을 나누어, 한편에서는 부러운 눈으로 바라보고 다른 한편에서는 깔보는 일이 생기기도 한다. 이러한 차별과 갈등을 없애야 건강한 사회가 될 것이다. 그대들은 아는가? 사립대가 훨씬 많다는 사실을. 그대들은 잊었는가? 사립대 학생들이 등록금을 훨씬 많이 낸다는 사실을. 그러나 혜택은 왜 국립대가 훨씬 많이 받아야만 하는가!

지금 우리나라는 어떤 사람들이 이끌어 가고 있는가? 정치·경제계 일선에 누가 자리 잡고 있는가? 지금 우리 사회가 건강한가? 누구도 바람직한 사회라고 이야기하지 않을 것이다. 누가 책임져야 하는가? 교육부는 이 점을 분명히 알아야 할 것이다. 차별을 없애기 위해 최선을 다해야 할 것이다. 대학을 없애는 것이 가장 간단한 해결 방법이 될 수도 있다. 대학을 없애면 아이들도 고생하지 않게 될 것이며, 일류와 이류와 삼류의 차별도, 서울과 지방 대학의 갈등도 사라질 것이다. 그러나 없앨 수는 없다. 대학을 없애면 어디에서 '대인의 학문'을 익힐 것인가?

그렇다면 대학이 있으므로 해서 생기는 차별과 갈등을 어떻게 해결해야 하나? 또한 대학 안에도 문과대학, 이과대학, 공대, 농대, 법대, 의대 등 많은 과들이 있다. 공대는 문과대를 보면서 "쓸모없는 학문을 하다니…."라고 깔보기도 하고, 문과대 학생들은 공대학생들을 기계만 다루는, 관절만 움직이는 로봇 같다고 놀리기도 한다.

이것이 문제다. 우리 사회는 공대도 필요하고 문과대도 필요하다. 쓸모 없는 학과는 없고 중요하지 않은 학과도 없다. 없앨 수 없을 뿐만 아니라 통일할 수도 없다. 모든 학생에게 실용 학문만 가르친다면 우리나라에 인문학 인재는 사라지고 말 것이다. 문화는 필요하지 않는가? 음악과 예술과 문학과 철학과 종교를 버리고 살 수는 없는 것이다.

취소할 수도 통일할 수도 없다면 오직 한 길, 장자가 말하는 '제물론'밖에 없다. 모든 대학은 평등하다. 모든 학과가 평등하다. 모두가 우리나라 대학이다. 국립과 사립에 차별이 없어야 하고, 서울과 지방에 차별이 없어야 한다. 학교마다 특성이 다르지 않은가? 학과마다 성격이 다르다. 왜 지방대학이 죽어야 하는가? 왜 인문학이 죽어야만 하는가?

'물론' 이 평등해야 만물이 평등할 수 있다

'제물' 을 원하는가? 만물 평등을 외치는가? 그렇다면 모든 종교를 평등하게 대해야 한다. 왜냐하면 누구나 어떤 형태이든 한 종교 안에서 평안을 얻으며 살아가고 있기 때문이다. 따라서 종교가 평등해야 세상이 평등해진다. 만약 불교와 기독교가 서로를 멸시하고 유가와 도가가 서로를 비판한다면, 서로가 서로를 인정해 주지 않는다면 아무리 평등을 외쳐도 위선에 지나지 않을 것이다. "너는 이교도이기 때문에 구원을 얻지 못한다. 내가 믿는 신을 믿어야만 구원을 얻을 것이다."라고 외친다면 참된 종교 정신에 위배되는 행위다. 그래서 장자는 취소할 필요도 없고 통일할 필요도 없는 제3의 길을 제시한다. 유교, 불교, 도교, 기독교, 이슬람 등 모든 종교는 본래가 '물' 이고 각각의 교의는 '물론' 이다. 각 종교는 독특한 이론이 있다. 모두들 자신이 믿는 이론 속에서 자신이 존엄한 존재임을 느끼며, 미래를 보고 희망을 보고 이상을 본다. 희망이나 이상이 없이 살아간다면 인간은 한갓 생물일 뿐이다. 오직 의사에게만 자신의 생명을 맡겨야 할 것이다. 그러나 의사가 우리의 영혼을 구해 주는 것은 아니다. 부처가, 예수가, 천도가, 천리가, 상제가 구해 준다. 각자 자신이 믿는 신으로부터 구원받는다. 그대들에게 유교만을 믿으라면 따르겠는가? 이라크에 가서 유교로 통일하자고 말하면 그러자고 하겠는가? 이루어지지도 않을뿐더러 바라지도 않는다. 설사 상대방이 원해도 우리는 통일하지 않겠다. 서로를 인정해 주고 서로를 존중하며 서로를 포용하면 그만이다. 더 이상 무엇을 바라는가?

제물론의 현대판이 바로 종교 간 평등이다

비록 유가도 '화합하면서도 다름'을 추구하고 '같은 길을 가며 서로 어그러지지 않음'을 추구하기는 하지만 장자의 '제물론'이 참된 평등을 추구한다고 할 수 있다. 통일도 취소도 불가능하다면 어찌해야 할까? 장자는 유교, 도교, 불교, 기독교, 이슬람 등 각 종교에서 뛰쳐나와 한 차원 높이 올라가서 각 종교를 바라보라고 말한다. 저 위에서 보면 모든 종교가 평등하게 보일 것이고, 모든 종교가 평등하게 보이면 모든 인간이 평등하게 보일 것이다. 이것이 '제물론'이다.

유가의 가르침을 따르는 사람들 가운데 유교로 모든 종교를 통일하자고 말할 자는 아무도 없다. 왜냐하면 한 차원 뛰어올라 도교를 인정하고 불교를 인정하고 기독교를 인정하고 이슬람을 인정하기 때문이다. 이런 심정이 바로 신앙인이 지녀야 할 무한한 포용의 마음이요 종교가 지향해야 할 목표다. 그렇지 않다면 종교는 오른손으로는 사람들을 구원하면서 동시에 왼손으로 사람들을 해치게 될 것이다. 어떤 종교는 광적인 민족주의의 기치를 내걸기도 한다. 이슬람의 근본주의자의 '성전' 선포가 그 예이다. 처음에는 중동에서 석유 이익을 독점하는 자본주의에 대항하기 위해 전쟁이 시작되었다. 미국은 쿠웨이트와 사우디아라비아 등 중동에서 패권을 잡으려고 기도하고 있다. 후세인이 쿠웨이트를 침공할 수 있었던 배경에 민족주의적 이상이 있었다. 그러나 종교를 앞장세웠다는 것이 문제다. 성전이 문제다. 그 옛날 십자군의 동방 침략이 생각난다. "보라, 십자군이 또 오고 있다!" 중동 사람들은 견디기 어려웠다. 왜 또 온단 말인가? 신앙은 그렇게 무서운 재난을 부르기도 한다.

종교들이 평등해야만 종교가 우리에게 부담으로 다가오지 않는다. 이 점에서 장자는 '제물론'을 말하였다. 그러나 한 가지 문제가 우리를 가로막는다. 제물론은 도가를 중심으로 하여 각 종교를 평등하게 보자는 이론은 아닌가? 초월이라는 단어를 사용해야 할 것이다. 물론 장자가 살던 시대에는 지금 말하는 여러 종교들은 없었다. 따라서 제물론에서 종교 간의 평등을 다루는 것은 아니다. 제물론에서는 다만 유가와 묵가만을 다루고 있다. 유가는 인애(仁愛)를 말하고 묵가는 겸애(兼愛)를 말한다. 그러면서 서로 자신만이 옳고 상대방이 틀렸다고 싸운다. 인애도 겸애도 모두 사랑이다. 유가도 구제가 목적이고 묵가도 구제가 목적이다.

춘추전국시대 각 학파 모두 천하의 뜻 있는 자들을 불러 모았다. 그들을 통하여, 그들의 사랑의 마음을 통하여 세상을 구제하기 위해서였다. 묵가가 먼저 유가를 차별적인 사랑이며 강자의 논리라고 비판하였다. 그러자 맹자가 나서서 묵가의 이론은 어느 하나도 옳은 것이 없다고 비판하였다. 금수의 이론이라고 공격하였다. 맹자가 묵자와 양주의 이론을 금수의 이론이라고 한 것은 물론 그들을 욕하기 위해서는 아니었다. "자신의 부모를 우선시하지 않고 다른 모든 사람들과 똑같은 눈으로 부모를 바라본다면 인륜은 어디에서 찾을 것인가?" "인륜이 없다면 금수의 세계와 무엇이 다르겠는가?" "금수의 세계는 부모에 대한 도리도 군왕에 대한 도리도 없지 않을까?" "부모도 군왕도 몰라본다면 짐승이 아니고 무엇이겠는가?" 맹자가 인신공격을 한 것은 아니다. 맹자는 양주가 '자신만을 위해 산다.' 고 외치는 것은 군왕을 없애는 이론이라 여기고, 묵자가 '차별없이 사랑하자.' 고 주장하는 것은 부모를 무시하는 이론이라 여겼다. 사람이 사람인 까닭은 부모와 군왕이 있음을 알기 때문이다. 군왕은 정치사회 조직 및 질서의 대표자다. 묵가의 학설은 원시시대로 돌아가 금수 같은 삶을 영위하라는 것과 같다고 맹자는 여겼던 것이다.

유가와 묵가는 장자가 살던 시대의 인기 학문이었다. 모든 인재는 두 곳에 집중되어 있었다. 각자가 세상을 구제하기 위하여 온몸과 마음을 다 바치면서도 다른 한편으로는 서로를 비난하니 어찌 세상에 희망의 빛이 보이겠는가? 어떤 종교이든 목적은 구원이다. 그러나 서로가 서로를 비난해서는 인류에 미래는 없다. 가장 존경받아야만 할 종교가 서로 다툰다면 어디에서 인류의 희망을 찾을 수 있는가? 유가·묵가는 가장 존경할 만한 사람들이었다. 그런데 서로 만나면 다투기만 하였으니 춘추전국시대가 투쟁의 시대일 수밖에 없었던 것이다. 유가가 자신만이 옳다고 하고 묵가는 그르다고 여기는 데에서 문제가 발생한다고 장자는 여긴 것이다. "내가 옳고 네가 그르다!" 묵가는 자신이 옳고 유가가 그르다고 여긴다. 유가와 묵가가 모두 옳다고 할 수는 없는가? 춘추전국시대의 희망은 여기에서 출발해야 하는 것이 아닌가? 장자는 생각하고 또 생각해 본다.

제물론의 국내판은 양당평등이고 남북평화다

유가와 묵가는 각각 자신의 관점에서 상대방을 바라보며 서로 틀렸다고 여겨 결과적으로 싸움을 초래하고 말았다. 훌륭한 두 사람이 동시에 세상을 구하겠다고 나타나 매일 싸움을 일삼다가 사람 구하는 일은 뒷전이 되고 말았다.

두 당이 서로 싸우느라 법안을 통과시킬 겨를이 없다. 두 당 모두 대한민국을 위하여 매진한다고 외친다. 그러나 결과적으로 법안 하나 제대로 통과시키지 못하니 어처구니없을 뿐이다. 민주당에서 보면 새누리당의 모든 점이 못마땅하다. 새누리당에서 바라보면 민주당은 더 형편없다. 이제는 우리 국민을 믿어야 한다. 국민이 민주당과 새누리당 위에 올라서서 민주당도 인정하고 새누리당도 인정해 주어야 한다. 두 당은 각자의 장점을 발휘하여야 한다. 정당정치는 균형이 묘미다. 하나는 여당으로 다른 하나는 야당으로서 균형과 견제를 이루어야 한다. 이래야만 우리나라에 희망이 있다. 두 당의 좋은 인재들이 모두 앞장서서 심혈을 기울여 노력해야만 우리에게 미래가 있고 나아가 남북한이 좋은 경쟁 관계를 유지하게 될 것이다.

남쪽에서 북쪽을 보면 못마땅하기 그지없다. 북쪽에서 남쪽을 바라보면 도대체가 사람 살 곳이 못된다. 북쪽에서 바라본 남쪽은 자본주의 사회요 타락한 사회다. 남쪽에서 바라본 북쪽은 시대에 뒤떨어진 낙후된 사회다. 남한과 북한을 뛰어넘어 저 위에 서서 남북한 모두 각각의 능력을 최대한 발휘할 수 있도록 해야만 한반도에 희망이 있다. 서로가 서로를 미워해서는 안 된다. 서로를 인정해 주어야만 한다. 정당 간의 평등을 이루어야 하고 남북 간의 평등을 이루어야 한다. 그렇다고 하여 옳고 그름을 가리지 말자는 말은 아니다. 쌍방의 옳은 점을 다 끄집어내어 한민족이 나아가야 할 올바른 길을 찾아야만 한다. 큰 시비를 가려야 한다. 작은 이익에 매달려 서로를 무시하는 것을 일러 작은 시비라 한다. 유가의 뛰어난 점과 묵가의 뛰어난 점 모두를 실현하는 것을 일러 큰 시비라 한다. 이렇게 크게 바라보며 옳고 그름을 이야기하자는 것이 바로 장자 '제물론' 의 정신이다.

유가와 묵가를 뛰어넘어 유가와 묵가를 바라보다

「제물론」은 동서고금을 넘나드는 보기 드문 역작으로 현대사회에서도 쓰임새가 무궁무진하다. 이 한 편의 문장은 앞으로 더욱 커다란 능력을 발휘할 것이다. 모든 종교가 이 문장을 읽기를 희망한다. 장자는 유가와 묵가를 넘어서서 유가와 묵가를 바라보라고 외친다. 넘어서서 바라보아야만 비로소 각자를 인정할 수 있다. 동서 문화의 교류도 그렇다. 경로석 앞에 서서 서양 문화를 천박한 자본주의 문화라고 무시한들 무슨 소용이 있겠는가? 서양인의 기준에서 우리나라를 바라보면 마음에 드는 것이 무엇이겠는가? 우리가 품격을 가지고 반서구화가 곧 우리 자신의 문화를 지키는 것이라는 관점에서 벗어나, 동서 문화를 뛰어넘어 다시 두 문화를 바라보면 우리 문화의 장점도 지킬 수 있고 서구 문화의 장점도 배울 수 있을 것이다. 우리나라의 미래는 어떻게 두 문화의 장점을 잘 융화시키는가에 달렸다. 우리 문화의 장점으로 서구 문화를 공격하기만 한다면 무슨 이익이 있겠는가? '제물론' 의 정신은 바로 동양과 서양의 경계를 뛰어넘어 두 문화 모두를 인정해 주어야 한다는 것이다. 우리 문화를 지키자고 서구 문화를 반대할 필요는 없다. 오히려 서구 문화의 장점을 잘 소화하여 우리 문화 속에 스며들게 할 수 있어야만 '21세기는 태평양의 세기' 라는 구호가 현실이 될 것이다. 만약 우리 것만 고집한다면 어떻게 21세기를 이끌어 갈 수 있단 말인가? 한날 구호로만 끝나서는 안 된다. 반드시 장자 '제물론' 정신으로 서로를 인정하고 우리 것 안에 녹여들인 다음, 그것을 자양으로 삼아 건강한 문화를 이루어야 할 것이다. 타종교에 대한 포용 정신이 강한 종교일수록 미래가 밝을 것이다. 넓은 마음을 지녀야만 상대방의 장점을 볼 수 있고 상대방의 장점을 인정해 줄 수 있게 된다. 동시에 자기 자신도 자신이 믿는 신 아래에서 더욱 큰 평화를 얻게 될 것이다.

장자의 '제물론'은 유가와 묵가의 시시비비를 말한다. 그러나 이제 우리는 동서 문화의 교류로 확대하고, 종교 간의 문제로 확대하여 바라보아야 한다. 장자 시대에는 유가와 묵가의 문제였지만 오늘날은 동양과 서양의 문제다. 한반도로 범위를 좁혀서 바라보면 민주당과 새누리당의 문제요 나아가 남한과 북한의 문제다. 제물론의 정신이 필요한 시대이다. 남과 북으로 나누고, 다시 전라도와 경상도로 나누고, 보수와 진보로 나누고, 있는 자와 없는 자로 나누고…. 계속 나눈 다음 나만 옳고 너는 틀리다고 서로 싸운다면 반목과 질시가 이어져 남는 것은 결국 절망뿐일 것이다. 서로가 서로를 인정해 주는 길밖에 없다.

우리는 모두가 공감대를 형성하기를 늘 희망한다. 그러나 늘 메아리 없는 구호에 그칠 뿐이다. 공감대는 너와 내가 뜻을 함께한다는 말이다. 그러나 모두 상대방이 내 뜻에 따르기만을 원한다. 이웃과 더불어 깨끗하고 조용하게 살고 싶지 않은가? 동민, 구민, 도민, 한민족, 나아가 온 세상 사람들과 더불어 살고 싶지 않은가?

생태환경 문제에서도 제물론은 가치 있는 이론이다. 생물과 무생물, 동물과 식물, 인간과 자연, 동양과 서양 등 잘게 썰면 썰수록 반목과 질시가 이어지고 생태계가 파괴될 것이다. 각자의 울타리를 뛰어넘어 다시 상대방을 바라보며 서로 포용하고 서로를 인정해 주고 존중할 때에만 화합이 이루어질 것이고, 인류의 미래도 밝을 것이다.

일방 통행이어서는 안 된다. 양방향 도로여야 한다

장자가 말하는 제3의 길은 취소의 길도 아니고 통일의 길도 아니다. 초월의 길이다. 자기만의 세상에서 뛰어올라 다시 서로를 인정하기 때문에 취소도 통일도 필요 없다. 서로를 인정해 줄 때에 비로소 서로의 장점이 밝게 드러난다. 장자는 이를 일러 '인시양행'(因是兩行)이라 하였다. 각 종교는 서로 함께 행하며 어그러짐이 없어야 한다. 사통팔달이어야 한다. 유가와 묵가가 함께 도를 펼치며 서로 어그러짐이 없음을 일러 양행이라 한다. 가지런히 놓인 두 거리다. 이 세상 모든 도로를 일방통행로로 만들어서는 안 된다. 길은 모두의 것이다. 어느 길이든 가고 싶은 길로 갈 수 있어야 한다. 어찌 한 길만을 따르라고 요구할 수 있단 말인가! '인시'라 함은 상대방의 옳은

점을 드러내 주는 것이다. 묵가는 유가의 옳음을 드러내고 유가도 묵가의 옳음을 드러내어야 한다. '인비'(因非)여서는 안 된다. 인비로는 미래가 없다. 유가의 결점만을 파헤치고 묵가의 결점만을 끄집어내어 합친다면 무슨 희망이 있을 수 있겠는가? 서울과 평양의 결점을 합쳐서는 안 된다. 서울은 오염된 공기에 시끄러운 증시, 끝없이 치솟는 물가 등에 시달린다. 평양의 맑고 깨끗한 공기가 부럽다. 평양은 통제된 사회요 낙후된 곳이다. 서울의 민주와 자유를 갈망한다. 북한도 남한의 장점을 배우고 남한도 북한의 장점을 배워야 한다. 한민족의 희망은 남북한이 하나됨에 있다. 이것을 일러 '인시'라고 한다. 상대방의 옳음에 드러낸 후 한민족의 앞날에 함께 펼쳐야만 한다.

'인시'란 각 종교의 옳음을 모두 드러내어 펼침을 뜻한다. 각 종교가 더불어 인류의 앞길을 열어 주어야 한다. 장자가 이미 종교 평등의 길을 열어 주었다. 이제 실천만이 남았다.

유가는 천성이 선하다 하고 도가는 천성이 순진하다 한다

유가는 인간 본성이 선하다고 말하고 도가는 순진하다고 말한다. 도가는 순진함을 말하기 때문에 아이를 제일 좋아한다. 어린이는 순수하다. 도가가 추구하는 이상적인 인간은 진인(眞人)이다. 따라서 도

통한 신선을 모두 진인이라 부른다. 태극권의 창시자인 장삼풍을 장진인이라고 부른다. 유가에서는 현자요 성인이라 부른다. 공자는 성인이다. 모두 각자의 '물론'이다. 순진함과 선함은 서로 통할 수 있다. 다만 유가는 선함에 중점을 두고 도가는 순진함에 중점을 둘 뿐이다.

이것이 장자의 '만가지 소리'의 우화다. '산하대지가 숨을 내쉬는 것을 일러 바람이라 한다. 바람이 일지 않으면 그만이다. 그러나 한번 일기만 하면 지상의 모든 구멍이 모두 성낸 듯 울부짖는다.'라고 하였다. 지상에는 숲도 있고 돌도 있고 계곡도 있다. 수많은 것들이 서로 다른 형상을 하고 서로 다른 곳에 자리 잡고 있다. 바람이 일면 각자 자신만의 소리를 낸다. 나무가 내는 소리, 물 흐르는 소리, 계곡의 공명 등 모두 다른 소리를 낸다. 이를 일러 '지뢰(地籟; 땅의 소리)'라 한다. 지뢰는 대지의 교향악이다. 서로 생김새가 다르고 서로 크기가 다르고 서로 있는 곳이 다르기 때문에 소리가 다른 것이다. 피리 소리를 들어 보라. 피리 모양에 따라 다르고, 부는 사람에 따라 다르고 듣는 사람에 따라 다르지 않은가! 세상 이치가 그런 것 아니겠는가! 만물이 모두 다른 소리를 내기 때문에 모든 구멍이 성낸 듯 울부짖는다고 묘사하였다. 사람은 누구나 다르다. 이를 일러 '인뢰(人籟; 사람의 소리)'라고 한다. 장자는 '사람의 소리'를 피리 소리에 비유하였다. 피리의 길이나 종류에 따라 서로 다른 소리가 나듯, 이 세상 모든 것들도 모습이 다르고 소리가 다른 것이다.

생명의 악장은 인뢰고 대지의 교향악은 지뢰다

나의 일생은 나 자신의 인뢰다. 모든 사람의 일생은 각자의 인뢰다. 산하대지를 통틀어서 보면 지뢰다. 이 소리는 바로 생명의 악장이다. 그렇기에 우리에게 무엇이든 감상할 수 있는 능력이 있다. 누구나 자신을 사랑하고 자신의 악장을 즐길 수 있다. 생명의 선율, 생명의 악장은 사람마다 다르다. 형제라 해도, 심지어 쌍둥이라 해도 모두가 다르다. 한배에서 태어나도, 동시에 태어나도 자라는 과정이 다르기 때문이다. 모두가 자신만의 독특한 개성이 있다. 모두가 아름답다. 너도 순수하고 나도 순수하고 이 세상 모든 사람들이 순수하기 때문이다. 이것이 인뢰다. 나의 순수함과 너의 순수함, 우리 모두의 순수함이 조화를 이루어 지뢰가 된다. 지뢰는 이 세상 모든 존재가 조화롭게 살아가는 대지의 교향악이다. 한 사람 한 사람 모두가 악기다. 모두가 함께 연주하면 바로 교향악이요 지뢰다. 모두가 다르기 때문에 아름다운 것이다. 자기가 낼 소리는 스스로가 결정한다.

무슨 소리를 낼 것인가는 스스로 결정해야 한다. 자기 자신이 되어야 한다. 자기 자신이 된다 함은 스스로 자신을 가두어 남들과 왕래하지 말라는 말이 아니다. 각자 개성이 있고 누구나 참되고 모두가 아름답다. 너도 참되고 그도 참되고 모두가 참된 것이 지리다. 모든 아이들이 순진하다. 선생님은 가르치며 모든 아이가 귀엽다고 느낀다. 유치원이 가장 좋은 학교다. 왜냐하면 아이들 모두가 귀엽기 때문이다.

장자는 '스스로 소리를 낸다.' 고 하였다. 유가 이론, 도가 이론, 불가 이론, 기독교 이론 모두 스스로 소리를 낸다. 유가에서는 인이라 하고 불교에서는 자비라 하며, 기독교에서는 사랑이라 하고, 도가에서는 자애로움이라 한다. 모두 얼마나 멋진 말인가! 사람들은 모두 다르다. 종교가 서로 달라야만 서로 다른 사람들이 찾아갈 수 있는 것 아니겠는가? 모든 구멍은 바람이 일기 때문에 소리가 나는 것이다. 장자는 묻는다. 그 바람은 어디서 이는 것인가? 바로 기(氣)다. 그렇다면 기는 어디에서 오는가? 사람들이 뿜어내는 기운이다. 산하대지가 뿜어내는 기운이다.

천도가 움직이게 하고 자유를 준다

누가 소리를 내게 하는가? 바람이 일지 않는다면 모두가 적막에 잠길 것이다. 소리도 없고 색채도 없는 세계처럼. 생동감 없는 봄날을 상상해 보았는가? 새도 울지 않고 꽃도 피지 않는 세계에서 살아갈 수 있겠는가? 모두들 개성을 잃고 자신의 악장을 잃고 죽음처럼 고요한 봄날, 마치 기계 인간처럼 관절만을 움직이며 살아갈 수 있는가? 아무 정감도, 아무 사랑도 없는 세계가 다가온다.

스스로 소리 낼 수 있는 까닭은 바람이 일기 때문이다. 바람이 일지 않으면 어쩌란 말인가? 기를 뿜어내어 바람이 되고 바람이 구멍을 통과하며 소리를 낸다. '성낸 듯 울부짖는다.' 함은 우리 자신의 생명이 소리를 다 토해 냄을 의미한다. 모든 사람이 자신의 소리를 낸다. 그러나 그 소리들은 천지의 기운에 의지한다. 천지에서 기운을 뿜어내야만 우주 공간에 바람이 일고, 바람이 일어야만 모든 구멍이 소리를 낼 수 있게 된다. 바람이 멈추고 나면 모두가 적막에 잠긴다. 누가 소리를 내게 만드는가? '천뢰(天籟; 하늘의 소리)'다.

천뢰는 또 무엇인가? 천뢰는 원래부터 없는 소리다. 소리 없는 소리다. 바람에는 소리가 없다. 우리는 나무를 통하여, 구멍을 통하여 바람 소리를 들을 수 있는 것이다. 따라서 바람은 소리를 내게 하는 자다. 산하대지를 통하여, 모든 구멍을 통하여, 인간을 통하여 소리를 낸다. 이것이 바로 천뢰다. 천뢰는 소리 없는 소리로서 이 곡조는 하늘에 응한다. 이 세상에서는 듣기 어려운 소리다. 이 소리 없는 소리를 들을 수 있어야 높은 경지에 올랐다고 말할 수 있다. 무협지에서 최고의 경지는 초식 없는 초식이다. 언제 어디서든 뜻한 바대로 튀어나온다. 손 갈 때마다, 발 갈 때마다 새로운 초식이다. 가장 오묘한 초식은 바로 그 자리에서 만들어지는 것이다. 정형화된 초식이 아니다. 정형화된 초식은 말로 표현할 수 있는 도이다. 말로 표현할 수 있는 도는 영원한 도가 아니다. 영원한 도는 초식 없는 초식이다. 이것이 천리다.

인리의 참됨과 지리의 조화로움이 바로 천리다

유가와 묵가의 옳음이 인리고 유가와 묵가의 조화가 지리다. 유가나 묵가가 하늘에서 떨어진 것은 아니다. 유가도 인간이고 묵가도 인간이다. 모두 인간이 토해 내는 인성론 아닌가? 이 인성이 바로 천성이다. 하늘 없이 인성이 있을 수 있는가? 중용에서 "하늘이 명한 것을 일러 본성이라 한다."라고 하였다. 그러나 명령하는 하늘은 보이지 않는다. 따라서 우리는 어느 한 가지 소리만을 좇아 살아가면서 모든 소리는 소리 없는 소리로부터 나왔다는 사실을 망각하게 된다. 노자는 "천하 만물은 있음으로부터 나오고, 있음은 없음으로부터 나온다."라고 하였다. 우리는 늘 보이는 것만을 좇으며 살아간다. 늘 있음에만 관심을 기울이며 살아간다. 도가의 지혜는 바로 없음, 즉 무(無)를 체득하는 데에 있다. 장자는 노자의 '없음'을 '소리 없는 소리'로 바꾸어 말한다. 소리 없는 소리는 바로 하늘에서 나오는 소리다. 그래야만 평등이 가능하다. 평등은 하늘에서 온다.

인리에서 보면 모든 사람이 다 다르다. 지리에서 보면 만 가지 꽃이 모두 다르다. 그러나 모두가 하늘이 내린 꽃들이다. 누가 꽃 중의 왕인가? 누가 여왕꽃인가? 모두가 자연의 조화다. 아름답지 않은 꽃이 있겠는가? 꽃 중의 꽃을 고를 수 있겠는가? 무엇으로 고를 것인가? 색깔도 생김새도 모두 다른데. 모두가 자신만의 자태를 간직하고 피어난다. 하늘에서 바라보면 모든 꽃은 평등하다. 이 꽃에서 저 꽃을 바라보면서 불평등이 시작된다. 인간이 문제다. 인간의 기준이 문제다. 장미꽃에서 호박꽃을 바라보기 시작하면서 문제가 발생한다. 서로 색깔을, 서로 모양을 다툼을 꺼려서 한가지로 통일하여 정원에 심어 보라. 누가 꽃을 아름답다 하겠는가? 꽃들 모두가 그 색깔 그 모양 그대로 천뢰요 꽃 없는 꽃이다.

반드시 천뢰로 바라보아야만 한다. 그래야만 평등하게 볼 수 있다. 각 종교 모두가 최후에는 최고를 말한다. 최고는 다름 아닌 하늘이다. 부처든 예수든 알라든 천도든 천리든 모두 하늘이다. 각 종교는 자신의 도가 있고 교리가 있고 의식이 있고 찬송이 있다. 감동적이다. 종교 음악과 예술은 사람들을 감동시킨다. 가장 깊은 곳에서, 영감에 가득 차 우러나오기 때문에 유행가와는 다르다. 유행가는 너무 유행을 탄다. 상업적인 기획의 산물이기 때문에 오래 가지 못한다. 유행은 급변한다. 예술로 부르기에 부족하다. 종교음악은 영원하다. 음악을 들으며 하늘에 닿을 수 있다. 모든 인뢰, 모든 지뢰가 천뢰다.

만물 평등의 이론적 기초가 천뢰다

유가, 도가, 불가, 기독교, 이슬람 모두가 인뢰다. 창시자가 어느 한 지역, 어느 한 문화 영역 속에서 만든 것이기 때문이다. 모두 스스로 내는 소리다. 그러나 동시에 하늘에서 나오는 소리다. 여기에서 문제가 발생한다. 인도의 종교, 히브리의 종교가 세계 각지로 전파되었다. 불교에 얼마나 많은 종파가 있는가. 기독교는 얼마나 많은 교파로 나누어져 있는가! 모두 다른 목소리를 낸다. 유가, 도가, 불교, 기독교, 이슬람 모두가 서로 다른 목소리를 낸다. 그러나 그 근저에 동일한 무엇인가가 있다. 바로 하늘이다. 하늘에서 바라보면 유가와 묵가가 평등하다. 각 종교가 평등하다. 문학가이건 예술가이건, 정치가이건 사업가이건 모두가 하늘 아래서 평등하다. 정치가도 하늘의 이치로 정치하고 예술가의 창작도 하늘로부터 온다. 음악가의 영감도, 무용수의 영감도 모두 하늘로부터 오는 것이다.

정치가, 음악가, 무용수, 문학가 모두 다르다. 그러나 모두 소리 없는 소리로부터 영감을 얻어 서로 다른 예술적 분위기를 자아낸다. 그러므로 음악가는 문학가를 무시해서는 안 되며, 화가라고 하여 조각가를 무시해서는 안 될 것이다. '가' 자가 붙으면 모두 일가를 이룬 사람들이다. 일가를 이룸은 고금을 통할 수 있고 고금을 통할 수 있다 함은 하늘로부터 오는 것이기 때문이다. 종교든 문학이든 예술이든 관계없이 모두 동서고금을 넘나들며 우리를 감동시키는 까닭은 모두가 저 높은 하늘을 말하고 있기 때문이다.

저 높은 곳에서 바라보면 모든 종교는 평등하다. 그러나 마귀만 말하는 종교가 있다면 참된 종교가 아닐 것이다. 절에서 이름을 따진다면 참된 절이 아닐 것이다. 이름을 따져 사람을 가린다면 어디에 중생 평등이 있겠는가? 크기만을 따진다면 참된 교회가 아닐 것이다. 얼마나 크게 지어야 박애가 이루어지겠는가!

형제들은, 자매들은 내가 옳고 네가 그르다며 늘 싸우며 산다. 그러나 부모가 보기에는 모두가 같은 형제자매요 모두가 사랑스럽다. 열 손가락 깨물어 아프지 않은 손가락이 어디 있겠는가? 천뢰에서 보면 인뢰, 지뢰 모두가 평등하다.

몸의 천뢰는 진군(眞君)에 있다

인간이면 누구나 오장육부를 가지고 있다. 장자는 묻는다. 그대는 오장육부 모두를 사랑하는가, 아니면 특별히 하나만 사랑하는가? 어떤 사람은 특별히 위장을 좋아한다. 왜냐하면 식도락에 좋기 때문이다. 어떤 사람들은 폐를 좋아한다. 등산을 즐기기 때문이다. 장자는 어느 한 기관만을 좋아할 수는 없다고 주장한다. "…누구와 가장 친한가? 모두 좋아하는가, 아니면 어느 하나만 좋아하는가?" 만약 어느 하나만 좋아한다면 그것은 편애다. 오장육부 어느 하나 필요하지 않은 것이 없다. 누구를 편애할 수 있단 말인가! 모두가 신첩(臣妾)이다. 임금이 바라보면 신하고 마나님이 바라보면 첩실이다. 신첩은 주인이 될 수 없다. 그렇다면 누가 주인인가? 누가 진군인가? 바로 마음이다. 이 마음은 심장이 아니라 형체 없는 심령이다.

우리는 누구나 마음을 가지고 있다. 만약 모두 한결같은 마음이라면 유가와 묵가의 시시비비는 일지 않을 것이다. 나도 마음이 있고 너도 마음이 있다. 우리 마음은 서로 통할 수 있다. 이심전심이라 하였다. 이심전심인데 어찌하여 오해가 생기고 다툼이 생긴단 말인가? 장자는 설명한다. 우리의 마음은 형체 안에 깃들어 있기 때문이라고. 이 육신을 다스릴 수 있는 것을 일러 진군이라 한다. 자신을 참으로 다스릴 수 있는 사람이 참된 사람이다. 장자는 육신을 그다지 중요시하지 않는다. 가장 중요한 것은 마음이다. 저 높은 곳에서 보면 만물이 모두 같고, 진군에서 바라보면 오장육부가 모두 같다.

마음은 무한하다. 우리 모두 마음을 합칠 수 있다. 마음이 합쳐지지 않는 까닭은 육신이 방해하기 때문이다. 만원 버스는 누구나 싫어한다. 내 설 자리가 없기 때문이다. 몸에 몸이 부딪혀 외발 무공을 수련할 때도 있다. 그러나 마음을 합치는 것은 싫어할 까닭이 없다. 특히 친하면 친할수록 마음은 더욱 가까워질 것이다. 그러나 몸은 부딪히면 부딪힐수록 귀찮아진다. 이렇듯 마음이 육신에 깃들기 시작하면서 인간의 유한성은 시작된다.

사랑의 마음이 아라비아에 깃들면 우리와는 다른 사랑이 표현된다. 황하 유역에서 펼쳐지는 천리와 장강 유역에서 펼쳐지는 천리는 서로 다르게 표현된다. 춘추전국시대, 남쪽 초(楚)나라 땅에는 도가가 자리 잡고, 북쪽 노(魯)나라 땅에는 유가가 자리 잡았다. 한(韓)나라·조(趙)나라·위(魏)나라에서는 법가가 유행하였고, 제(齊)나라에서는 음양가가 유행하였다. 이와 같이 나라마다 정신이 다르다. 이것이 형체다. 같은 천리가, 동일한 마음이 서로 다른 곳에 깃들어 서로 다른 모습으로 표현된다.

마음이 육신에 깃들어 형체를 이루고 변화를 이룬다

형체를 갖추고 태어나는 순간부터 다른 사람일 수가 없다. 마음도 육체와 결합한다. 지금의 내 마음은 내 육신과 더불어 존재한다. 그래서 내 마음이 된다. 어떤 생각을 하든 나의 육신을 거쳐 표현된다. 원래는 한마음이다. 그러나 내 형체에, 내 육신에 깃드는 순간부터 내 몸과 하나가 되어 떨어지지 않는다. 내가 사랑하는 마음은 반드시 내 몸을 통하여 이 사회에 표현된다. 추기경의 모습으로 내 마음을 표현할 수 없는 것 아니겠는가! 형체가 있어 사람이 되지만 동시에 자신에게 한정된다. 이를 일러 "내 생애는 유한하다." 하는 것이다.

나는 내 삶을 사는 것이지 절대 남을 대신하여 살 수 있는 것이 아니다.

형체는 변한다. 인간은 태어나면 누구나 갓난아기에서 어린이로, 청소년으로, 청년으로 자라 장년에 이른다. 장성하면 반드시 늙는다. 노자도 "무엇이든 장성하면 늙는다." 고 하였다. 늙는다고 한탄할 것 없다. 인생에 무슨 미련을 두겠는가! 갓난아기, 어린이, 청소년, 청년, 중년의 각 시절 모두를 살아 보았다. 미련 둘 아무것도 없다. 변하는 것이 바로 인생이다.

마음은 온 세상과 통하고 도는 하나로 통한다

마음은 온 세상이 한결같다. 모든 사람의 마음은 하나로 통한다. 모두 사랑의 마음이요 포용의 마음이요 아름다운 마음이다. 인생의 모든 문제는 우리 마음이 육신에 깃들면서 시작된다. 이라크의 출발점은 미국과 다르고, 사우디아라비아와도 다르며, 시리아나 이란과도 다르다. 여기에서 중동의 분열이 시작된다. 그러나 믿는 참주인(眞主)은 하나다. 참주인은 우리 몸의 진군(眞君)과 같다. 사람에게 있어서는 진군이라 부르고 세상 전체를 놓고는 진주라고 부른다. 그렇기에 신앙은 매우 중요한 것이다. 사람에게 마음은 매우 중요하다. 마음은 오장육부의 진군이요 참주인이기 때문이다.

이 세상에 분열은 왜 생기는 걸까? 그것은 사람들마다 진군이 서로 다른 곳에 자리 잡기 때문이다. 시대에 따라 나라에 따라 서로 다르게 표현된다. 생김새가 다르다. 자신의 생김새에 얽매인다. 나는 나일 뿐 절대로 남일 수 없다. 절대로 다른 사람이 되려 하지 마라. 불가능한 일이다. 그런데도 억지로 다른 사람이 되려 한다면 결국은 고독하고 비참한 자신의 모습만을 발견하게 될 뿐이다. 왜 고독하고 비참해질까? 자신을 잃어버렸기 때문이다. 스스로 자신을 버렸기 때문이다. 매일 남이 되려고 애쓰는 사람들이 있다. 그러나 그들은 알지 못한다. 그것은 절망에 이르는 길이라는 사실을. 애쓴다 한들 어떻게 남이 될 수 있겠는가? 차라리 자신의 본모습을 찾아라. 그래야 희망이 있다. 이것이 바로 인뢰의 바름이다.

형체가 있고 나면 시시비비가 따른다

인뢰의 참됨, 지뢰의 온전함이 천뢰다. 자신의 길을 걸어가면 그것이 바로 하늘길이다. 나는 하늘에서 왔기 때문이다. 마음이 형체에 깃들면서 두 가지 문제가 발생한다. 하나는 생김새고 또 하나는 변화다. 나만 생기는 것이 아니라 남도 생긴다. 피차간에, 너와 나로 나뉘면서 문제가 생긴다. 사람이 문제다. 나와 부모가 다르고, 나와 형제가 다르고, 나와 친구가 다르다. 모르는 사람과는 말할 나위도 없다.

마음은 하나다. 천심이다. 그러나 서로 다른 육신에 깃들면서 서로 다른 모습으로 드러난다. 여기에서 피차의 문제가 발생한다.

피차로 나뉘면서 시시비비가 발생한다. 둘이 함께 하면서 문제가 생기면 늘 내가 옳고 상대방이 틀렸다고 여기게 된다. 시비 판단의 기준은 아주 간단하다. 나와 의견이 다르면 싫고 나와 의견을 같이 하면 좋은 것이다. 혈연으로, 지연으로, 학연으로 옳고 그름이 결정된다.

변화가 생사를 낳는다

변화의 문제는 간단하다. 성형술이 왜 그리 발전하는가? 아름다움을 잃지 않고 싶어서다. 늙고 싶지 않아서다. 그러나 어찌 죽음까지 막을 수 있겠는가? 생사 문제는 가장 중요한 인간사다. 종교만이 해결해 줄 수 있을 것이다. 철학은 힘이 미약하다. 철학이 시비 판단의 기준을 정해 줄 수는 있다. 철학은 무엇이 옳고 무엇이 그른지 객관적 표준을 세워 검토할 기회를 제공해 준다. 그러나 생사 문제에 이르면 해 줄 수 있는 것이 별로 없다. 철학은 인간을 해탈로 이끌어가지 않는다. 종교가 해탈로 이끈다.

유가와 묵가의 논쟁은 사회에 대한 논쟁이었다. 유가가 묵가를 인정해 주고 묵가가 유가를 인정해 주면 해결 가능할 것이다. 그러나 죽음 문제에는 아무 대답도 해 주지 못할 것이다. 50세에도 25세의 마음을 간직할 수 있는가? 75세에도 50세의 마음을 유지할 수 있는가? 매우 중요한 문제다. 장자는 "형체가 변하면 마음도 따라 변한다."라고 하였다. 우리는 몸은 늙을지라도 마음만은 언제나 청춘이길 바란다. 세월이 흘러도 변함없기 바란다. 그러나 세월은 자신의 얼굴에, 자신의 눈동자 속에 아로새겨진다. 일생의 비통함은 모두 마음속에 아로새겨진다. 풍상은 육신을 늙게 하고 슬픔은 마음을 늙게 한다. 이것이 삶이다. 누가 막을 수 있겠는가? 종교가 해결해 주어야 한다.

마음이 형체에 집착하여 심지(心知)가 생긴다

우리는 언제나 청춘이길 바란다. 누구나 불로장생을 꿈꾼다. 젊음과 늙음이 경계를 이룬다. 유가의 입장에 서면 유가가 옳고 묵가가 그르다. 묵가의 입장에 서면 묵가가 옳고 유가가 그르다. 모두가 자신에게 집착한 결과다. 장자는 이를 일러 심지(心知)라고 하였다. 마음은 본래는 자유롭다. 텅 빈 것이다. 이 점에서 세상 모든 마음은 하나다. 그러나 한결같은 이 마음이 각 개체에 깃들면서 자아를 형성하고 집착을 낳는다. 우주의 마음이 개인의 마음으로 한 차원 떨어지면서 차별이 생긴다. 남을 보지 못하고 나만 아는 것이 장자가 말하는 심지다. 젊은 날의 화려함만 알고 성숙함의 아름다움을 보지 못한다. 그래서 성장을 멈추고 늘 피터팬이기를 원한다. 이상한 일이다. 그 어려운 날들을 헤치고 성숙함에 도달했거늘, 그 성숙함이 미워지다니 문제가 아닐 수 없다.

하늘은 공평하다. 젊음은 겉보기에 아름답지만 마음은 늘 불안하다. 나이 들면 겉은 늙어 가나 속은 알차게 익는다. 공자가 말하지 않았던가. "삼십에 우뚝 서고, 사십에 미혹됨이 없으며, 오십에 천명을 알고, 육십에 귀가 열리며, 칠십에 이르면 하고 싶은 대로 행동해도 사리에 어긋남이 없다."라고. '사십에 위장을 버리고, 오십에 고혈압에 신음하며, 육십이면 당뇨요, 칠십이면 맥박이 잦아든다.' 고 말하지 않았다. 시들어 가는 육신을 보지 않고 성숙해 가는 생명을 보았던 것이다.

분별심이 문제다

형체가 생기면 성심(成心)이 따른다. 성심은 선입견을 말하고 편견을 일컫는다. 나만 알고 우리 가족만 알고 내 직업이 전부고 내 민족이 최고고 내 종교만이 절대적이라는 마음, 이것이 성심이다. 이 마음이 완성되면 멸망이 따른다. 나를 이루면 남이 죽는다. 천하가 죽는다. 그래서 장자는 "이루는 것이 멸망하는 것이다."라고 하였다.

태어나니 죽음이 미운 것이다. 내 종교만이 진리다. 내 민족만이 옳은 길을 간다. 나쁜 놈들. 비행기가 뜨고 미사일이 난다. 맹폭이다. 감히, 나쁜 것들, 씨를 말려야지. 무섭다. 모두가 적이다.

대졸자가 무엇이며 고졸자가 무엇인가? 무엇이 유식이고 무엇이 무식인가? 마음이 문제다. 구분 짓지 못해 안달인 마음이 문제다. 사랑하는 마음이 문제다. 내 학교를 사랑하고 내 고향을 사랑한다. 내 사람을 챙겨야지. 가르는 지식은 조급함을 부르고 두려움을 부른다. 늙으면 어쩌나? 정권이 바뀌면 어떻게 되지? 늘 초조하고 두렵다.

왜 스스로 감옥을 만들고 자신을 가두려 하는가? 하루는 이런 생각이 들었다. 어느 날 내 아들이 나를 멀리하면 어쩌지? 환갑도 안 된 나이에 슬픔이 복받친다. 늙어 힘 없는 아비를 두고 이민이라도 가면 어쩌지? 사서 걱정이다. 장자는 묻는다. 두려움을 없애고 싶냐고. 그러면 먼저 가르는 지식을 없애란다. 가르는 지식이 집착을 낳는다. 집착이 두려움을 낳는다. 너와 나, 삶과 죽음을 가르지 마라. 그러면 집착이 사라지고, 그러면 싸움이 사라지고, 죽음의 공포도 사라질 것이다.

형체를 떠나고 가르는 지식을 없애는 것이 수행이다

어떻게 가르는 지식을 없애란 말인가? 그 지식은 형체에서 온다.

그러니 형체부터 떠나라. 자신에게서 벗어나라. 내 입장에서 세상을 바라보기에 사시가 되기도 하고, 근시나 원시가 되기도 한다.

본래의 마음을 되찾아야 한다. 무한한 자유가 있는 것이 마음이다. 그러나 내 육신의 안락함을 위하여, 남을 이기기 위하여 자유를 포기하였던 것이다. 나만이 옳다고 여기면서 갈등이 생기고 분쟁이 생기고 불평등이 생긴다. 제자리로 돌아가자. 자유를 되찾자. 그러면 싸울 일이 그 무엇이 있겠는가? 나를 버려라. 내 입장을 버려라.

지위를 가르고 권세를 뽐내고 청춘을 자랑하는 것을 멈추는 날이 오면 천국이 그대를 맞이할 것이다. 왜 이리도 피곤한 인생인가? 비교하지 않는 날이 없기 때문이다. 비교에 지치기 때문이다. 집이 왜 편한가? 성적을 비교하지 않기 때문이다. 직급을, 월급을 비교하지 않기 때문이다. 백화점 쇼핑백 들고 다니지 않아도 되기 때문이다.

나를 앞세우지 말라. 자유와 평등이 그대를 맞이할 것이다.

3. — 양생주 : 존재의 곤궁

『장자』 제3편은 「양생주」이다. 제1부는 「소요유」였고 제2부는 「제물론」이었다. 소요유는 자아의 초월과 승화를 말한다. 어떻게 유한한 형체를 뛰어넘어 이 세상에서 노닐 수 있는가 하는 문제였다. 제물론에서는 많은 사람들에 대해 말하였다. 한 사람만의 소요가 아니라 공동체를 말하고 사회를 보았다. 인생은 살아가는 것이다. 그러나 그냥 되는대로 흘러가는 것은 아니다. 무언가 만들어 내야만 한다.

부모가 자식을 낳듯, 선생이 학생들을 잘되게 하듯, 정치가가 백성들을 잘살게 하듯, 종교가 사람들을 구해 내듯, 무엇이든 나와야 한다. 살면서 늘 새로운 것을, 의미 있는 일을 창조해야 한다. 그래야만 인생을 허비하지 않게 된다. 그리고 우리는 더불어 살아가야 한다. 결코 혼자 살아갈 수는 없다. 자신을 구속하는 모든 것을 떨쳐 버려야 한다. 그래야 인생의 길이 넓어진다. 세상이 넓어진다. 우리는 늘 좁은 길을 달리고 좁은 세계에 갇혀 산다. 그것은 속이 좁기 때문이다. 자신의 속이 좁아지면 세상도 좁아진다. 세상이 좁아지면 내가 걸어야 할 인생의 길도 좁아진다. 좁음을 떨쳐 버려야 한다. 그래야만 세상이 넓어지고 길이 넓어진다. 그래야만 어디든 마음먹은 대로 노닐 수 있다. 이것이 소요유다. 그러나 자기 자신만이 소요하면 그만인가? 부모형제가 있고 배우자가 있고 친구가 있다. 모두 버리고 자신만이 노닐 수는 없다. 반드시 제물론 단계로 넘어가야 한다.

'물론' 이란 사람들 간의 서로 다른 관점이다. 네 인생관이 있고 내 인생관이 있다. 너의 신앙과 나의 신앙이 다르다. 누구는 예수를 믿고 누구는 부처를 믿는다. 이것이 물론이다. 누구든 신 아래에서 평화를 얻고 자신을 수양할 수 있어야 한다. 서로가 서로를 인정하고 존중하는 가운데 모두가 구원을 얻을 수 있다. 동시에 살아 움직일 수 있는 것이다. 이것이 구제다. 어려운 상황이 닥쳐야만 구제하는 것은 아니다. 모두 함께 고난받아야 한다면 무슨 의의가 있겠는가? 반드시 함께 위로 솟아올라야만 한다. 한가로이 길거리를 이리저리 쏘다니는 것이 소요유는 아니다. 저 높은 곳을 향하여 나아가자는 말이다. 고난 속에서 함께 살자는 말이 아니다. 서로 인정하고 서로 존중하며 살자는 말이다. 더불어 살아야만 한다.

제물론은 다 함께 뛰어넘자는 말이다

우리는 솟아올라야 한다. 늘 다람쥐 쳇바퀴 돌 듯 살 수 없는 것 아니겠는가? 한곳에서 맴돌면 무슨 의미가 있겠는가? 인생의 길은 운동장 트랙이 아니다. 운동장만 돌아서 무엇을 찾겠는가? 삶이란 하루하루 달라야 한다. 매일 다른 옷을 입고 매일 다른 음식을 먹자는 말이 아니다. 늘 새로운 정신으로 살자는 말이다. 늘 즐거운 마음으로 사람을 대하고 늘 새로운 가치를 찾아야 한다. 자신의 인격을 완성하고 자유를 찾고, 나아가 더불어 자유로워져야 한다. 남을 인정해주어야 한다. 남의 의견, 남의 신앙을 존중해 주어야만 한다. 그래야만 참된 자유, 참된 평등이 실현될 것이다.

생명은 유한하고 좇아야 할 것은 무한하다

장자는 "내 생명은 유한하고 좇아야 할 지식은 끝없다."라고 말한다. 우리는 자식으로서의 생애를 살아가고 부모로서의 생애를 살아가며, 학생으로서의 생애를 살아가고 선생으로서의 생애를 살아간다. 생애란 제한을 의미한다. 학생은 공부해야 하고 선생은 가르쳐야 한다. 가르치고 배우는 일이 각각의 경계다. 인간의 생애는 유한하다. 누구나 죽는다. 이것이 문제다.

제물론에서 인간이 부딪혀야만 하는 두 가지 한계를 말했다. 하나는 형체요 다른 하나는 변화다. 어머니가 날 낳으셔서 나는 이 땅에 왔다. 이 얼굴 이 눈으로 이 세상에 태어났다. 나는 형일 수도 없고 동생일 수도 없다. 형도 나를 대신할 수 없고 동생도 나를 대신해 살 수 없는 것이다. 모두가 아름다운 사람들이다. 박찬호가 얼마나 멋진가! 김연아가 얼마나 귀여운가! 칭찬할 사람은 또 얼마나 많은가! 그러나 문제는 내가 아니라는 사실이다. 내가 고소영처럼 생겼더라면, 장동건처럼 생겼다면 얼마나 좋을까? 유감이 아닐 수 없다. 그렇다고 해서 미워하지는 않는다. 얼마나 보기 좋은가? 유감(遺憾)이 미감(美感)으로 바뀌는 순간이다. 내가 그일 수는 없지만 그를 좋아한다. 그네들의 솜씨를 감상한다. 그네들을 통하여 내 삶이 윤택해진다. 누구나 태어나면서부터 자신의 생김새에 갇히게 된다. 잘 생긴 사람이 내 앞에 있다. 똑똑한 친구가 내 앞에 있다. 젊음이, 아름다움이 내 앞에 있다. 그러나 내가 아니다. 나는 유한한 존재다.

나는 변한다. 어린 시절을 거치고, 청소년기·청년기를 거쳐서 이제 중년에 이르렀다. 이제는 어린 시절의 사진도 낯설다. 내가 저렇게 아름다웠었나? 이제 어쩌랴. 모두 지난 세월인 것을! 이것이 형체의 변화(形化)다. 생긴 대로 태어나고 나면 외모는 크게 달라지지 않은 채 자라고 변하게 된다. 어떻게 하더라도 남이 될 수는 없는 노릇이다. 이것이 첫 번째 한계다. 그러나 변하여 늙는다. 이것이 두 번째 한계다. 이 두 가지를 합쳐 생명은 유한하다고 하는 것이다. 내 청춘은 어디로 가고 없는가? 자식에게 갔다. 늙음을 한탄하지 마라. 자식을 보며, 손주를 보며 "아유 귀여워라." 말하는 순간이 자신이 귀여워지는 순간이다.

나는 나일 뿐, 결코 남이 될 수 없다

인생에는 두 가지 문제가 따라다닌다. 나는 나이지 남이 될 수 없다. 그러면서 우리는 남과 함께 살아야만 한다. 그가 멋진가, 내가 멋진가? 그가 옳은가, 내가 옳은가? 함께 있으므로 시시비비가 생기게 된다. 남한이 옳은가, 북한이 옳은가? 서울시가 옳은가, 서초구민이 옳은가? 모두에게 자신의 입장이 있다. 모두가 시시비비를 판단하게 된다. 모두가 자신의 기준에 맞추어 상대방을 판단한다. 여기에서 문제가 발생한다.

다음으로 생로병사다. 누구나 태어나면 늙고 병들고 죽는다. 이것이 인생이다. 이 짧은 인생에 갖고 싶은 것은 왜 그리 많은지, 배워야 할 것은 또 어찌 그리도 많은지! 끝없는 목마름 속에서 산다. 오늘 저녁에는 책도 보고 싶고, 강연도 듣고 싶고, 차도 마시고 싶고, 산보도 하고 싶다. 그러나 한 가지만을 할 시간밖에 없다면 얼마나 안타까운 일인가! 인생은 한 번뿐인데 하고 싶은 일은 너무도 많다. 손오공이나 홍길동처럼 분신술을 쓸 수도 없는 노릇이고. 백화점에는 또 왜 그렇게도 많은 상품들이 쏟아져 나오는지. 탐나는 것들은 왜 그리 많은지. 돈도 없는데. 오늘 저녁 세 친구가 각각 생일을 맞았다고 나를 초청한다. 누구에게 가야 하는가? 다 같이 모이자니 서로 알지 못하는 사람이라고 싫다고 하니. 세상살이 참 복잡도 하다. 얼마나 사랑스러운 자식인가! 그러나 언젠가는 그 곁에서 떠나야만 한다. 이것이 인생이다.

완전한 자유를 향하여

우리는 살아가면서 너무나 많은 일들을 겪는다. 좇아야 할 것이 너무도 많다. 소요하며 노닐라는 말은 유한한 생애를 무한한 생애로 바꾸라는 말이다. 유를 무로 변화시켜야 한다. 자기 자신을 끊임없이 승화시켜 새롭게 태어나야 한다. 마치 대붕이 구만리 상공까지 비상하여 무한한 공간 저 너머로 날듯, 우리도 날아 올라야만 한다. 유한한 생애를 뚫고 나와 무한한 것으로 바꾸어야 한다.

좇아야 할 것이 무한하다 함은 다원적인 가치, 다원적인 사회임을 의미한다. 우리 것이 좋은가, 서양 것이 좋은가? 동양철학을 해야 하나, 서양철학을 해야 하나? 유가가 옳은가, 도가가 옳은가? 구교가 참인가, 개신교가 참인가? 복잡하기 그지없다. 사거리에 서서 어디로 가야 하나 망설일 뿐이다. 백화점 유리창에 코를 박고 멀거니 바라본다. 무엇이든 가능한 세계다. 그러나 무엇이 옳은 길인지 알 수 없다. 노자 『도덕경』을 한 권 사서 읽으려 해도 얼마나 많은지 도통 고를 수가 없다. 너무 복잡하다. 그래서 제물론이 필요하다. 제물론은 좇아야 할 끝없는 그 무엇으로부터 탈피하여 이리저리 쓸려 다니지 말라고 외친다. 『도덕경』을 제대로 읽으면 세상을 알 수 있고 인생이 무엇인지 이해할 수 있다. 그러나 너무나 많은 해석서들이 서점에 쏟아져 나온다. 다 찾아 읽지 않으면 뒤처진 느낌이 들기도 한다. 『도덕경』은 뛰어난 책이다. 『논어』도 뛰어난 책이다. 모든 종교 경전들이 뛰어나다. 읽어 내 것으로 만들면 뛰어난 사람이 될 것이다. 그러나 읽어야 한다는 스트레스에 시달리기도 한다. 이 세상에 매일매일 얼마나 많은 책들이 쏟아져 나오는가! 생각만 해도 아찔하다. 그러나 모든 책을 다 산 사람은 사지 않은 것과 같다. 모든 책을 다 판 사람은 팔지 않은 것과 다를 바 없다.

모든 것을 원하지 마라. 모든 것을 좋아할 수는 없다. 원하는 것이 많으면 많을수록 인생이 불행해질 것이다. 이리저리 방황하며 일생을 보내게 될 것이다. 멈출 줄 알아야 한다. 만 권의 책을 읽을 필요는 없다. 단 한 권의 책 속에서도 자신이 나아갈 길을 찾을 수 있다. 교보로 영풍으로 매일 헤맬 필요는 없다. 도서관 카드를 다 뒤질 필요는 없다. 생각이 없고 실천이 없다면 무엇을 읽든 글자일 뿐이다. 그저 시험용 참고서일 뿐 삶에 아무 도움도 안 된다. 독서를 자신의 생명 가운데로 끌어들이지 못한다면, 책은 그저 서가에 꽂혀 있는 생소한 물건일 뿐이다.

제물론은 좇아야 할 무한한 것을 유한한 것으로 만들라는 말이다. 그래야만 끌려가지 않는 삶을 살 수 있다. 우리는 늘 바쁘고 늘 무엇엔가 끌려다니며 살아간다. 원고가 끝났나 하면 또 다른 청탁이 이어진다. 어떤 때는 전화벨 소리도 두렵다. "교수님, 아직도 원고가 도착하지 않네요. 왜 아직 보내시지 않는 겁니까?" 이제는 원고 청탁을 받으면 "우리가 좋은 친구이긴 합니다만 내 몸은 하나뿐이고 하루는 24시간뿐이니 어쩌죠?"라고 말할 수밖에 없다. 그러나 또 어쩌란 말인가. 사회를 위하여 무엇인가 하지 않고는 배길 수가 없으니. 누가 말했던가, "세상은 넓고 할 일은 많다."고. 장자는 말한다. "유한한 생명으로 끝없는 것들을 좇아야 하니 피곤할 뿐이다."라고. 유한한 생명으로 무한한 지식을 다 좇는 것은 불가능하다. 수많은 직업들 다 해 보고 싶다 한들 어쩌겠는가?

한두 가지만 선택할 수밖에 없는 것 아니겠는가! 열심히 가르치면 그뿐이다. 사람답게 행동하면 그만이다. 이것저것 너무 많이 생각할 필요는 없다. 자신의 선택과 결단을 믿으면 된다. 선생이 주식 투자에 매달리면서 어떻게 학생들을 잘 가르칠 수 있겠는가? 학생들이 선생의 울그락불그락 하는 표정과 마주하며 어떻게 정상적인 분위기에서 수업이 이루어지겠는가? 유한한 생애로 무한한 것을 추구하면 피곤할 뿐이다. 왜 피곤한 삶을 살아야 하는가? 너무 많은 것을 원하면 이룰 수 없다. 설사 얻는다 해도 아무 소용없다. 내일이면 또 새로운 것이 그대 앞에 모습을 드러낼 것이기 때문이다. 최신 카메라를 사자마자 새 카메라가 나온다. 휴대폰을 사자마자 새 휴대폰이 출시

된다. 유행이 바뀌면 또 사러 달려간다. 욕망은 끝없다. 광고의 홍수 속에서 평생을 헤맬 것인가? 유행을 좇는 것은 집착이다. 집착은 허망한 것이다. 참으로 좇을 가치가 있다고 여겨지면 뒤쳐져도 관계없다. 천천히 좇아가면 된다.

갈망은 끝없다

장자는 "지가 끝없다.(知無涯)"라고 하였는데, 여기서의 지란 지식이나 지혜, 재능 등을 뜻하는 것이 아니라 매일매일 홍수처럼 쏟아져 나오는 광고나 너무도 빠르게 변하는 유행 등을 의미한다. 백화점 세일 기간에 물건들을 사 모아 집에 처박아 두고는 돈 벌었다고 좋아한다. 하지만 몇 년이 지나도 그 자리에 가만히 있을 뿐, 아무 쓸모가 없다면 어찌 벌었다 하겠는가. 결국 돈을 버리는 결과가 된다. 그렇기 때문에 장자는 끝없는 갈망을 비판하는 것이다. 저녁마다 한아름씩 쇼핑백을 들고 들어오며 남편이 도와주지 않는다고 투덜대고는 아이들을 부른다. 또 끝없는 갈망을 좇아 헤매다 왔구나. 남편의 유한한 생애는 잊어버리고 끝없는 욕망을 좇아 백화점을 돌아다녔구나. 아내의 유한한 생명은 잊어버리고 술집을 배회하며 채워도 채워도 끝없는 주린 욕망을 채우려는 남편들은 또 왜 그리 많은가? 아이들이 어버이 살 날이 얼마 남지 않았다는 사실을 잊고 오늘 밤에도 잡히지 않는 욕망을 좇아 거리를 헤매고 다니는구나. 그러나 어쩌랴. 가정을 위하여, 자식을 위하여 감수할 수밖에. '피곤하다' 는 말에는 멈출 수 없다는 뜻도 포함된다. 늘 새로운 것들이 쏟아져 나온다. 좇아도 좇아도 따라잡을 수 없다. 걸음을 멈추고 숨 돌릴 틈조차 없으니 그 얼마나 피곤한가! 자명종이 울리자마자 자리에서 일어나야 한다. 스케줄은 어찌 그리 빡빡한지. 꿈에서조차 일한다. 내일을 걱정해야 하고 10년 후, 20년 후를 걱정해야 한다. 그러므로 '유한한 생애로 끝없는 것들을 좇으니 피곤하다.' 고 장자는 말하는 것이다. 그런 줄 알면서, 이루어질 수 없는 줄 알면서도 좇아야 하니 피곤해 죽을 지경이다. 막다른 골목인 줄 알면서도 가야 하는 것이 인생인가? 정녕 멈출 수 없단 말인가? 그렇다면 그 얼마나 비극적인 일이란 말인가!

무형의 마음만이 살아 숨쉰다

"나의 생은 유한하고 좇아야 할 것들은 끝없다. 유한한 생명으로 끝없이 좇아 헤매야 하니 피곤하다. 그런 줄 알면서도 좇아 헤매야 한다니 피곤해 죽겠다!" 얼마나 날카로운 혜안인가. 이것이 경전이다. 한마디 말도 우리는 일생을 두고 사색하고 실천해야 한다. 『도덕경』이 그렇고 『남화진경』이 그렇다. 사서오경 또한 그렇다. 어찌 경전을 버리고 인생을 논할 수 있겠는가! 이루어질 수 없는 줄 알면서도 좇아가는 데에서 인생의 비극은 시작된다. 따라서 장자는 「양생주」에서 막다른 골목에서 빠져나올 수 있는 방법을 알려 준다.

분별하는 마음이 문제다. 옳고 그름을 나누고, 삶과 죽음을 나눈다. 분별하고 나면 반드시 좇아 움직이게 된다. 새것이 좋다. "새 핸드폰 나왔는데 너 바꿨니 안 바꿨니? 아직 안 바꿨어?" 당장 사러 가야 한다. 그러지 않으면 시대에 뒤떨어진 사람이 된다. "고리타분하기는." 얼마나 듣기 싫은가? 하는 수 없이 바꿔야 한다. 바꿔 바꿔. 그러나 사자마자 구형이 되고 만다. 도대체 일 년에 몇 번을 바꿔야 하는가? 도대체가 바꾸면서도 즐겁지가 않다.

장자는 분별하는 마음을 버리라고 말한다. 심지(心知)란 분별하는 마음이요 집착하는 마음이다. 분별심을 불교에서는 식심(識心)이라고 한다. 이 의식을 참된 지혜로 변화시켜야 한다. 장자는 성심(成心)이라고 표현한다. 성심이란 마음속에 이미 분별하는 의식이 생겼다는 말이다. 새것이 좋고 헌것은 나쁘다. 요즘 것이 좋고 옛것은 나쁘다. 영어 못하면 바보다. 국어는 필요없다. 대학 안 나오면 인간 취급 못 받는다. 서울대 나와야 귀족처럼 살 수 있다. 공자가 죽어야 나라가 산다. 지금이 어느 땐데 공자 왈 맹자 왈 하고 있는가? 철학과는 왜 가려 해, 사학과 나와 먹고 살 수 있나? 인문학은 아무 쓸모 없는 학문이야. 사는 데 아무 도움도 못 돼. 의대 가고 법대를 가야지. 지금 우리 사회를 보라. 어디로 가고 있는가? 돈만 좇은 결과 무엇이 남았는가? 실업자에 노숙자에 이혼 고아들. 오직 복권뿐이다. 사자. 한 번은 걸리겠지. 긁고 또 긁자. 언젠가는 당첨되겠지. 유명해지고 싶다고? 이름에 갇힐 뿐이다.

유명세는 구속이다

무명일 때에는 누구나 이름을 알리고 싶어한다. 그러나 알려지고 나면 별로 좋을 것이 없다는 사실을 깨닫게 된다. 이름은 수갑과도 같다. 심리적 부담감을 준다. 유명세는 일생토록 스트레스를 낳는다. 분별심이 문제다. 빈부의 분별이 생기고 나면 남들보다 못 버는 것이 창피해질 것이고, 스트레스에 시달리게 된다. 교수가 좋은 직업인 것만은 아니다. 얼마 전 택시를 타고 기사와 나누었던 대화가 떠오른다.

"뭐 하시는 분이세요?"

"학생들을 가르칩니다."

"어디서요?"

"대학에서요."

"그럼 교수님이시네요?"

"예."

"월급은 얼마나 받습니까?"

대답하자

"저랑 비슷하네요. 몇 년이나 공부했습니까?"

"아직도 하고 있죠."

처음 교수라는 말을 듣고는 존경의 눈빛을 보내던 기사의 눈빛이 달라졌다. 그리 나쁘지는 않다. 몇십 년 공부한 사람이나 자신이나 별 차이 없다고 여기며 만족하면 그만 아닌가! 장자는 말한다. "마음에 드는 일을 하되 이름을 탐하지 말고, 하기 싫은 일을 하더라도 형벌에까지 이르지는 말라."라고.

나를 증명해 보이고 싶다. 돈도 잘 벌고 정력도 좋고 매너도 좋은 남자로 보이고 싶다. 예쁘고 착하고 매력적인 아내가 되고 싶다. 완벽한 남편이 되고 싶다. 좋은 아내가 되고 싶다. 얼마나 힘든가! 좋고 나쁨은 이름이다. 나아가 형벌이다. 그래서 유명해지면 구속된다고 말한 것이다.

유명 연예인들을 보라. 가고 싶은 곳에 마음껏 갈 수 있는가? 먹고 싶은 것을 마음껏 먹을 수 있는가? 사생활이 어디에 있는가? 무인도에 간다 한들 기자들의 카메라 렌즈를 피할 수 있겠는가? 공인이라는 이름의 형벌을 받고 있는 것이다. 왜 형벌 속에서 살아야만 하는가?

선악은 형벌이다

인생에서 가장 중요한 분별은 선악에 관한 분별이다. 선함과 아름다움에 대한 집착이다. 내 기분대로 기준을 세운다. 네 마음대로 판단을 내린다. 이것이 선악이요 이것이 미추다. 모두 시시비비다. 마침내는 삶과 죽음의 경계에까지 미친다. 삶에는 모든 것이 있고 죽으면 어떤 것도 없다. 이것이 우리 속인들의 판단이다. 그러나 종교에서는 그렇게 말하지 않는다. 종교는 죽음 뒤의 세계를 말한다. 현실세계에서 바라보면 죽음이 끝이다. 그래서 조금이라도 더 살고 싶은 것이 인간의 본능이다. 철학이 필요하고 종교가 필요하다. 우리는 무엇이든 좋고 나쁨으로 분별하려 한다. 돈을 많이 벌면 좋은 것이고 그렇지 못하면 나쁜 것이다. 젊음은 아름답고 늙음은 추하다. 분별에서 이름이 나온다. 인간의 삶에는 수많은 기준이 존재한다. 부와 가난이 있고 신제품과 중고가 있다. 기준에는 옳고 그르고, 좋고 싫고의 판단이 따르게 마련이다. 돈이 되면 골동품이고 돈 안 되면 고물이다. 이것이 장자가 없애려는 분별이다.

선악은 이름이고, 이름은 그대 마음에서 나오는 분별이다. 분별심은 자나 깨나 그대 곁을 떠나지 않는다. 고3이 되면 꿈에서도 수학능력시험을 치른다. 대학을 졸업한 지 몇십 년이 흘렀건만, 박사 학위까지 받았건만 아직도 고등학교 때 수학 시험 보던 꿈을 꾼다. 얼마나 지겨웠던 때였는가! 그러나 아직도 벗어나지 못하고 있으니…. 잊으려 해도 잊혀지지 않는다. 그렇기에 힘든 것이 인생이다. 앞날은 또 왜 근심으로만 다가오는지.

꿈에서 백발 노인이 된 자신을 발견한다. 얼마나 끔찍한가! 걱정이 앞선다. 딸아이가 서너 살 때쯤이었다. 밖에서 소꿉놀이 하다가 문득 "아빠도 늙어요?"라고 묻는 것 아닌가. 그렇다고 대답하자 다시 "그럼 죽어요?"라고 물었고 나는 그렇다고 대답하였다. 그러자 아이가 "아빠, 죽지 마세요." 하며 울며 매달렸다. 나는 "아빠 아직 안 늙었잖니."라고 말해 주었다.

이제 대학생이 된 내 딸이, 아무것도 모르던 어린 시절에 나를 꼭 껴안으며 죽음의 공포에 떨었던 것이다. 물론 죽음은 반드시 닥칠 일이다. 좋고 나쁘고는 누구도 모른다. 그러나 나쁜 쪽으로만 생각하며 몇십 년 앞서 걱정한다. 이 미리부터 당해야 하는 걱정이 선지(先知)다. 보통은 미래를 예견할 수 있는 능력을 선지라 한다. 그러나 도가에서는 선지는 걱정과 근심을 달고 나타난다고 말한다. 좋고 나쁨은 이름일 뿐이다. 마음속에 그 이름이 자리잡고 있기 때문에 분별이 생기고, 분별에 따라 스트레스가 온다. 우리의 삶을 짓누르는 형틀을 벗어 던져야만 한다. 형벌은 우리 자신의 분별지가 낳은 결과다. 형벌의 고통에서 벗어나려면 이름을 없애야 한다. 이름을 없애야 형벌이 사라진다. 부와 가난, 성공과 실패의 분별에서 벗어나야만 고통에서 벗어날 수 있다. "마음에 드는 일을 하되 이름을 탐하지 말고, 하기 싫은 일을 하더라도 형벌에까지 이르지는 말라."는 말은 이름에 집착하지 말고 선에도 집착하지 말라는 뜻이다. 선악은 이름이고 동시에 형벌이다. 착한 사람이 되려고 애써도 스트레스가 온다. 마음을 열라. 선행을 했더라도 잊어버려야 한다. 그렇지 않고 보답을 바란다면 참기 힘들 것이다.

보답을 바라면 고통만 돌아온다

착한 일을 했다고 보답을 바란다면 살기 힘들 것이다. 얼마나 애지중지 자식을 키웠는가! 그토록 열정을 바쳐 학생들을 가르쳤건만 입에서 나오는 소리는 "헛 키웠어.", "잘 가르치면 뭐하나." 하는 한탄뿐이다. 스스로 만든 고통이다. 부모라는 이름을, 선생이라는 이름을 잊어야 한다. 나는 자식들의 효도도 학생들의 존경도 바라지 않고 살아왔다. 효도와 존경을 받는다면 더없이 좋겠지만, 그렇지 않다고 해도 유감은 없다. 애초부터 무엇인가 바라고 낳고 키우고 가르친 것은 아니지 않은가! 사랑으로 키웠으면 그만이다. 최선을 다해 가르쳤으면 그만이다. 더 이상 무엇을 기대하는가?

우리는 부모라는 이름을, 선생이라는 이름을 잊기가 쉽지 않다. 그러나 없애지 않으면 대가가 너무 크다. 너무 힘들다. 일생을 고통 속에서 살게 될 것이다. 남이 옳고 내가 그르다고도 하지 마라. 그룹 총수가 못 되었다고 자책할 필요도 없다. 부러워할 것은 아무것도 없다. 그는 그고 나는 나일 뿐이다. 너나 나나 똑같이 때가 되면 먹고, 때가 되면 자고, 때가 되면 죽어야만 하는 사람일 뿐이다.

「제물론」 아래서는 너도 옳고 나도 옳다. 모두 이름이 있고 모두 명예롭다. 자신에게 기회를 주어야 한다. 무한한 가능성을 지닌 자신을 발견해야만 한다. 내가 옳고 그가 그르다고 말해서는 안 된다. 친구는 초등학교 선생이고 나는 대학 교수다. 그렇다고 해서 내가 더 옳은 길을 간다고 여기지 않는다. 초등학교 선생 노릇 하기가 더 어렵다. 유치원 선생이 더 대단하다. 어머니가 가장 위대하다. 기저귀도 갈고 젖병도 씻어야 한다. 시도때도 없이 울어대는 아기도 사랑으로 대할 뿐, 투덜거리지 않는다. 누가 가장 위대한가? 어머니가 가장 위대하다. 다음이 유치원 선생님이요, 그다음이 초등학교 선생님이고, 이어서 중학교, 고등학교 선생님이다. 대학교수라고 뽐낼 일은 아무것도 없다. 이름을 벗어 던져야 한다. 이름은 허울일 뿐이다.

'이름을 없앤다[無名]'는 말은 두 가지 방면에서 보아야 한다. 나는 못났고 남들이 잘났다는 생각을 버려야 하고, 또한 나만 옳고 남들은 그르다는 생각에서 벗어나야만 한다. 이름을 버려야만 다 함께 더불어 살아갈 수 있고 다 함께 구원받을 수 있다. 서로가 서로를 인정하고, 서로가 서로를 존중해 준다면 다 함께 활기차게 살 수 있는 것 아니겠는가! 모두가 존중받는 삶을 살아가는 것이 아니겠는가!

더불어 소요해야 제물이라 할 수 있다

'제물론' 이 무슨 뜻인가? 한 사람도 빠짐없이 모두가 다 소요하는 것이 제물론이다. 너무나 많은 사람들이 소요하지 못하고 고통 속에 살고 형벌 가운데 살아간다. 왜일까? 우리 사회에 '제물론' 이 없기 때문이다. 학력에서, 직업에서, 사는 곳에 따라 우열을 가려 혹은 우월감에 취해, 혹은 열등감에 사로잡혀 살아간다. 무엇이 옳고 무엇이 그른가? 무엇이 높고 무엇이 낮은가? 이러한 분별 때문에 소요할 수 없는 것이다. 신식과 구식으로 시시비비를 가리지 말고 빈부로 귀천을 가리지 말아야 살기 좋은 세상이 된다.

청빈한 삶을 살 수 없는 것이 아니다. 단지 남의 눈을 견디기 힘들 뿐이다. 나도 어릴 적 가난하게 살았다. 남들이 '불쌍한 것' 이라고 말할 때는 견디기 힘들었다. 거의 대다수가 겪었던 경험일 것이다. 친구 아빠는 돈도 잘 벌고 높은 자리에 있는 분인데, 우리 아빠는 돈도 없고 직업도 자랑할 수 없다. 얼마나 움츠리고 살았던가! 부자 아빠, 가난한 아빠 구분만 없었더라면 얼마나 아름다운 어린 시절이었을까? 많은 사람들이 어린 시절을 잃었다. 선생님의 차별 속에서 얼마나 울었던가! 선생님은 마땅히 제물론으로 모든 아이들을 돌보아야 한다. 그러나 현실은 그렇지 못하다. 선생님의 마음속에는 이미 분별심이 자리 잡고 있기 때문이다. 분별심을 없애야 한다. 그래야만 아픈 과거가 생기지 않을 것이다. 어느 누구의 눈초리도 두렵지 않게 될 것이다. 이름을 없애면 형벌이 사라지고, 형벌이 사라지면 소요할 수 있게 된다. 이름 없음이 제물론이고 형벌 없음이 소요유다.

이름을 없애면 모두가 평등하다. 모두가 위대하고 모두가 사랑스럽고 모두가 존경스럽고 모두가 순수하다. 모든 군인은 똑같은 제복을 입는다. 평등한 복장이다. 그러나 군대에는 계급의 차별이 있다. 그러나 종교에는 장교가 없고 사병이 없다. 누구나 성불할 수 있다. 똑같이 불성이 있다. 제물론이다. 제물론이어야 참으로 소요유할 수 있다. 소요유란 생명을 짓누르는 스트레스로부터 벗어나는 것이다. 형벌로부터 벗어나려면 마음의 분별을 없애야 한다. 집착을 없애야 한다. 오직 한길, 시시비비의 구분도 생사의 구분도 없는 길이다. 이것이 제물론이다.

이름은 인생에 있어 가장 큰 질곡이다

「제물론」을 이어서 「양생주」다. 무엇이 양생인가? 고통 없이 사는 것이 양생이다. 삶을 억누르는 질곡에서 벗어나 원래의 순진함을 되찾아야 한다. 누구든 자신의 어린 시절을 사랑할 수 있어야 한다. 아무 걱정도 근심도 없었던 때였다. 아직 분별심이 생기지 않았을 때였다. 이 세상에 떨어져 유랑하며 시비에 휘말리고, 삶과 죽음, 성공과 실패, 이해득실, 화와 복, 영달과 오욕 등을 견디며 살아간다. 불쌍한 가난뱅이 자식이란 낙인으로 인생을 시작했다. 형은 초등학교만 마쳤다. 가난해서 중학교를 다닐 수가 없었다. 친구를 만나면 부끄러움에 몸을 숨기곤 하였다. 입시에서 2등으로 합격한 내 형이. 집을 떠난 얼마간은 거의 집에 들르지 않았다. 명절에 잠깐 들렀다가는 곧바로 떠나곤 하였다. 도시에서는 아무도 우리 형을 몰랐다. 분별이 없었다. 초등학교만 마친 사실을 아무도 몰랐다. 그러나 우리 마을에서는 모두가 안다. 오직 초등학교만 마쳤다는 사실을.

어린 시절은 도시와도 같다. 도시에도 정겨운 구석이 있다. 당신의 과거를 누구도 알지 못한다. 아버지가 누군지, 할아버지가 어떤 사람인지, 가세가 어떤지 아무도 모른다. 그러나 고향에서는 떨쳐 버릴 수 없는 형벌이다. 고향을 버리자는 말이 아니다. 다만 고통으로 남은 시절이 안타까울 뿐이다. 질곡을 벗어던져야 한다. 분별심을 없애야 한다. 그래야만 아픔을 떨쳐 버릴 수 있다. 실패자라는 좌절감에서 벗어날 수 있을 것이다. 이름을 버려야 형벌을 면할 수 있다. 자신을 구속할 아무 것도 없게 될 것이다.

어떻게 양생해야 하는가? 비결이 무엇인가? 양생주(養生主)란 양생의 비결이라는 의미다. 또 다른 해석이 가능하다. 마음을 기르라는 말이다. 생주(生主)란 삶의 주인, 즉 마음을 뜻한다. 제물론에서는 진군이라고 하였다. 제물론에서는 누구에게나 참 생명이 있다고 여긴다. 참 생명이란 육신이 아니라 마음이다. 무형의 소리가 천뢰고 무형의 자아가 진군이다. 이 무형의 마음은 생리학적 심장도 아니고 두뇌도 아니다. 마음이 천뢰고 생주다. 양생주란 육신을 보양하라는 뜻이 아니라 마음을 닦으라는 뜻이다. 이 풍부한 세상, 얼마나 더 잘 먹고, 얼마나 더 잘 입으려 하는가? 충만한 심령이 그리울 뿐이다.

삶의 주인이 되어야 한다. 더 이상 끌려가는 삶을 살아서는 안 된다. 매일 아침, 거울만 닦지 말고 마음을 닦아라. 동정심을, 포용의 마음을, 용서하는 마음을 길러야 한다. 이것이 양생주다.

양생의 길은 마음을 기르는 데 있다

마음의 분별 때문에 삶이 고단하다. 좌절감이 생기고 스트레스 받고 어두운 그림자를 밟으며 무거운 발걸음을 움직이게 된다. 피곤하고 귀찮다. 내일을 생각하면 한숨만 나온다. 피곤하고 귀찮은 것은 끌려다니기 때문이다. 싫어도 출근해야 하고 싫어도 퍼마셔야 한다. 차라리 내일이 오지 않았으면.

마음을 다스려야 한다. 도가에서는 허(虛)와 무(無)를 말한다. 그대 마음속에 자리 잡고 있는 지(知), 즉 시시비비, 삶과 죽음을 나누는 분별지를 없애야 한다. 이것이 무명(無名)이다. 당신이 아는 것은 허울뿐인 이름에 지나지 않는다. 이름을 없애야 한다. 새 것과 헌 것, 가난과 부, 시시비비의 분별을 없애야 한다. 마음속에 부담으로 남아 있는 집착을 쫓아 버려야 한다. 그래야 생을 잘 영위할 수 있다. 그래야 삶이 고달프지 않다. 어찌 고난 속에서 일생을 보내려 하는가! 마음이 문제다. 스스로 마음속에 수많은 감옥을 만들고는 자신을 가두고 살아간다. 우리 모두가 수인(囚人)이다. 어린 시절의 고통을 잊지 못하고, 즐겁지 못한 일들을 떠올리며 실패를 곱씹는다. 창살 없는 감옥을 만들고는 안에 들어가 나오지 않으려고 한다. 울분을 삭이지 못하고 살아가는 삶에 무슨 즐거움이 있을 수 있겠는가? 양생은 즐거움과 행복을 되찾아 오는 일이다. 마음속의 감옥을 허물어야 한다. 잊어야 한다. 빠져 나와야만 한다. 언제까지 갇혀 살려고 하는가? 이 세상에 발을 딛고 사는 것 자체가 이미 유기징역일 수 있는데 왜 또 그 안에 다시 감옥을 만들어 스스로 무기수가 되려 하는가? 집착을 없애고 이름을 없애고 감옥을 없애면 다시는 수인이 아니다. 자신을 사면하라. 그러면 드넓은 세계가 그대 앞에 펼쳐질 것이다. 제물론이 완성될 것이다. 무한한 자유가 펼쳐질 것이다. 소요유를 이루게 될 것이다.

마음속에서 열등감을 몰아내고 우월감을 쫓아 버리고 분별심을 없앤다면 어느 하루 즐겁지 않은 날이 없을 것이고, 어느 한 순간 소중하지 않은 때가 없을 것이다. 어디서건 이루어야 한다. 지금 이 자리에서 이루어야 한다. 기댐이 없어야[無待] 소요유를 누릴 수 있다. '무대'는 지금 이 순간이 좋다는 말이다. 내일을 기약하지 말라. 바로 이 순간이다. 담배를 끊으려면 지금 바로 끊어야 한다. 주머니 속의 담배를 즉시 꺼내어 버려라. 집에 굴러다니는 담배를 모두 던져 버려라. 한 갑만 더 피고, 한 모금만 더 피고라는 말은 하지 마라. 황혼녘이 즐겁다 말하지 마라. 왜 오직 황혼녘이어야만 하는가? 그럼 아침에는? 낮에는? 밤에는? 늘 즐거워야 한다. 소요유는 언제 어디서나 바로 그 자리에서 이루어야 한다. 언제 어디서나 자유롭다. 언제 어디서건 감옥이 없기 때문이다.

포정이 소를 잡듯

양생은 삶에서 고통을 몰아내고 본래의 순수함, 충실함, 아름다움을 되찾는 것이다. 어떻게 찾아올 수 있는가? 성공과 실패로 나누지 마라. 이해득실에 연연하지 마라. 부자 아빠, 가난한 아빠를 찾지 마라. 모든 분별을 버려라. 그러면 완전한 자유를 이룰 것이다. 양생의 극치에 다다를 것이다.

「양생주」에서 장자는 포정(庖丁)이 소 잡는 우화를 말한다. 한 포정이 있었다. 소 잡는 솜씨가 얼마나 뛰어났던지, 임금님도 그를 초청하여 솜씨를 감상할 정도였다. 그 포정은 선율에 맞추어 춤을 추듯 칼을 휘둘렀다. 마치 무용수의 아름다운 안무를 보는 듯하였다. 조각가가 작품을 창조하듯, 음악가가 악기를 연주하듯 뼈와 살을 발라냈다. 임금님은 "어쩌면 그리도 기교가 뛰어난가? 입을 다물 수가 없구나."라고 감탄하여 말하였다. 그러자 포정은 "방금 저는 기교를 선보인 것이 아니라, 도를 펼친 것입니다."라고 말하였다. 기교가 아니라 도의 표현이라. 포정은 이어서 말한다. "보통 포정들은 한 달에 한 번 정도 칼을 바꿉니다. 소 뼈에 날이 상해서죠. 조금 나은 사람들은 일 년에 한 번 정도 바꿉니다. 고기살을 자르느라 날이 무뎌져서죠. 저는 이 칼을 19년이나 쓰고 있지만 아직까지 이리도 날카롭답니다." 날 없는 칼이다. 최고의 무공은 무공 없는 무공이고 최고의 초식은 초식 자체를 잊어버리는 것이다.

칼은 나 자신이고 소는 인간사이며, 칼날은 내 마음이다. 왜 속상할까? 칼이 늘 세상사라는 고기를 썰기 때문이다. 뼈를 갈라야 하기 때문이다. 사람들과 부대끼며 실망하고 마음을 다치고, 그러면서 우리는 늙어 가는 것이고 뒤돌아보기 싫은 것이다. 양생하면 늙음을 면할 수 있고 마음을 다치지 않게 되고 형벌을 면할 수 있다. 칼을 부림에 살을 썰지 말고 뼈를 피해야 한다. 뼈와 살 사이의 빈 틈새로 칼날을 대야만 한다. 한방에서 침을 보라. 푹 찔러 넣어도 아프지 않고 피도 나지 않는다. 그곳에 틈이 있기 때문이다. 한의학은 도가 정신의 산물이다. 서양 해부학은 뼈와 살을 볼 뿐이다. 한의학은 허와 무를 표현한다. 칼이 뼈와 살 사이에서 춤을 추며 뼈와 살을 건들지 않으면 날은 부러지지도 휘지도 않게 될 것이다. 마음을 상하는 일이 없을 것이다. 어떻게 가능한가? 칼날이 없어야 한다.

나를 없애 세상사에서 벗어나라

인간이란 사람 사이(間)다. 사이는 틈새를 뜻한다. 어떤 조직이든 틈새가 존재한다. 내 칼은 너무 얇아 날이 없다. 그러므로 어떤 틈새든 파고들 수 있다. 강남에서, 명동에서 왜 우리는 서로 어깨를 부딪치며 인상을 찌푸려야 하는가? 바른 자세로 몇 명이나 사진 속에 들어갈 수 있겠는가? 서로 어깨를 마주 대면 훨씬 많은 사람이 함께 사진을 찍을 수 있다. 좁은 길을 만나도 어깨를 조금만 옆으로 비끼면 서로가 웃으며 걸을 수 있다. 이것이 소 잡는 도리다. 장자는 소 잡는 도리를 빗대어 인간사의 충돌과 모순을 없애자고 역설한다. 유아독존, 자신만을 생각하여 좁은 문이 생기고 병목이 생기는 것이다. 자신을 버리면 모두가 제물론을 이룰 수 있고 누구든 자기 수양을 통하여 칼날을 점점 얇게 만들어 마침내는 없앨 수 있다. 허와 무에 이르게 된다. 이 세상 어디서든 자유롭게 노닐 수 있게 된다. 소요유의 경지에 이를 수 있게 된다. 소(逍)란 칼날을 얇게 하는 일이다. 날조차 없어야 이 세상 어디든 자유자재로 노닐 수 있는 것이다. 왜 좁은 문으로 다니고 왜 좁은 골방에 자신을 가두어야 하는가? 모두가 날을 없애면 부딪힐 뼈도, 갈라야 할 살도 모두 사라질 것이다. 모두가 편안하고 한가로이 걸어다닐 수 있을 것이다. 조금만 일찍 나선다면 땀내에 절어 숨조차 쉴 수 없는 지하철을 피할 수 있을 것이다. 왜 몰아서 놀아야 하는가? 휴가 기간을 분산하면 어느 바다가 찜통이요 어느 산이 시장 바닥이겠는가? 출퇴근 시간도, 휴가도 분산해야 한다. 주 5일 근무냐 6일 근무냐가 중요한 것이 아니다.

자신만이 최고가 아니다. 자신이 아니면 안 된다는 생각을 버려야만 한다. 칼날을 없애야 좁은 길도 한가로이 다닐 수 있다. 이 복잡한 서울 거리를 한가로이 노닐 수 있어야 한다. 이 바쁜 직장 생활에 속에서도 여유를 즐길 수 있어야 한다. 산으로 시골로 도피한다고 능사가 아니다. 바로 이 자리에서 이루어야 한다. 도연명의 시가 생각난다. "이 세상에 집을 짓고 살아도 시끄러운 마차 소리 들리지 않네!" 깊은 산중에 집을 짓지 않아도 된다. 서울 시내 한가운데 살면서도 스트레스 받지 않으면 된다. 이것이 참된 수양이다. 이 복잡한 세상사를 벗어 던지고 순수한 자신의 본모습을 간직해야 한다. 이 세상의 순수함을 되찾아야 한다.

매듭을 풀자

소를 잡는다 함은 마음에 맺힌 천만 갈래 매듭을 풀라는 말이다. 누가 풀어야 하는가? 물론 당신 자신이다. 자신이 만든 감옥은 자신만이 허물 수 있다. 자기 수양만이 길이다. 양생(養生)은 양심(養心)이다. 마음을 어떻게 닦으라는 말인가? 허(虛)와 무(無)다. 칼날을 없애야 한다. 칼날을 없애면 이 세상 어디든 틈 아닌 곳이 없다. 세상이 커지고 길이 넓어진다. 어느 곳을 가더라도 옹벽을 만나지 않게 될 것이다. 사람들과 어깨를 부딪히는 일이 없을 것이다. 결코 칼날에 베이지 않을 것이다. 속상한 일이 없게 될 것이다. 형벌은 속상한 일이다. 양생은 자신의 마음을 다치지 않게 함이요, 형벌을 면함이다.

형벌은 어디로부터 오는가? 이름으로부터 온다. 이름은 무엇인가? 마음에 집착을 쌓는 것이다. 스스로 감옥을 만드는 것이다. 이사가 되고 싶다는 욕망이 간절하면 평생 이사라는 감옥에 갇히게 될 것이다. 소망이 이루어져도 마찬가지다. 만약 이루어지지 않는다면 감옥은 더욱 많아질 것이다. 이사가 되기 위해 평생을 달려왔건만 왜 나는 아닌가? 이사를 보면 화가 치밀 뿐이다. 스스로 감옥을 허물어야 한다. 마음의 매듭을 풀어야 한다. 매듭이 감옥이다. 감옥을 없애면, 매듭을 풀면 소요유다. 매듭을 풀고 보니 모두가 아름답다. 이것이 제물론이다.

나는 고통스러운데 저들은 왜 저리 행복할까? 정말 불공평하다. 가족에게, 친구들에게 가장 좋은 선물은 마음의 안정이다. 마음의 매듭을 풀어 없애는 것이, 감옥을 없애는 것이 남편에게, 아내에게, 부모에게, 자녀에게 줄 수 있는 가장 귀한 선물이다. 하루하루 즐겁게 사는 것이 가장 좋은 보답이다. 매일 인상 찌푸리며 "모두 네 탓이야!"라고 화내는 일이 인간사에 있어 가장 큰 상처다. 왜 늘 가족에게 상처받으며 지내야만 하는가? "내가 왜 이 고생하는지 알아? 다 너 때문이야. 그런데 왜 그 모양이야. 제발 정신 좀 차려. 이 엄마 죽는 꼴 보고 싶니?" 참을 수 없다. "다 엄마 아빠 탓이야. 왜 날 이 모양으로 낳았어. 책임지지도 못할 걸 왜 낳아서 이 고생 시키냐고. 콱 죽어버리고 말겠어!" 어떻게 견디란 말인가, 어떻게 풀어야 하는가? 어떻게 하면 즐거움을 되찾을 수 있을까? 내가 먼저 시작해야 한다. 나부터 양생주를 이루어야 한다. 마음을 다스려야 한다. 마음속의 감옥을 부셔야 한다. 욕망을 버려야 한다. 명예도 권세도 필요 없다. 성공과 실패로 영웅을 논하지 말라. 모두가 순수함을 되찾으면, 모두가 환한 미소를 띠게 되면 가정에 평화가 올 것이다. 세상이 평화로울 것이다. 그러면 천국이다. 정토 세상이요 도화원이다. 마음에 심어 마음에서 열매를 맺는 것이다. '마음의 꽃이 활짝 핀다.' 하였다. 우리 스스로 심고 가꾸고 꽃피워야 한다.

어떻게 가꾸어야 하는가? 마음을 비워야 한다. 집착을 버리자. 마음을 조금만 열어도 감옥이 사라질 것이다. 이 세상이 커지고 길은 넓어질 것이다. 살기 좋은 세상이 올 것이다. 왜 남편은 아내를 가두고 아내는 남편을 가두려 하는가? 남편은 자신의 기준에 아내가 맞출 것을 요구하고 아내는 자신의 기준으로 남편을 길들이려 한다. 각자가 감옥을 만들고는 서로를 들어오라고 손짓한다. 결혼이 족쇄로 변하는 순간이다. 상대방을 가두고 자신도 갇힌다. 이상한 감옥이다. 밖에서는 안으로 들어오려 애쓰고, 안에서는 탈출하려고 몸부림친다. 자신을 버려야 한다. 아내의 입장에 서 보라. 남편의 입장에 서 보라. 족쇄가 사라질 것이다. 노여움이 사라질 것이다. 마음이 평화로울 것이다. 모두가 자유롭게 될 것이다.

죽지 않는 길은 태어나지 않음에 있다

도가에서는 태어남이 있기 때문에 죽음이 있다고 말한다. 삶의 집착에서 죽음이 나온다. 마음에서 삶을 없앤다면 죽음도 없어질 것이다. 회장이 되고 싶다. 그러나 내가 아니란다. 얼마나 속상한가? 나는 회장이 되고 싶지 않다. 누가 되든 속상할 일 없다. 나는 아무것도 원하지 않는다. 따라서 이 세상 어느 것도 나를 넘어뜨릴 수 없다. 원하는 것이 많으면 많을수록 약점은 늘어난다. 죽음이 가장 큰 약점이다. 삶의 집착이 가장 큰 약점이다. 죽음 뒤에 끝없는 어둠이 펼쳐지는 듯하다. 얼마나 두려운가? 죽음 뒤에 무슨 일이 벌어지는지 아무도 말해 주지 않는다. 아무리 생각해도 어둠뿐이다. 죽음은 혹독한 형벌이다. 두려울 뿐이다. 그러나 죽어도 저 무한한 어둠의 형벌을 받지 않는다면? 아무도 모른다. 다만 내가 만든 상상일 뿐이다. 삶의 집착을 없애야만 죽음의 음영이 그대를 덮치지 않을 것이다. 죽음에 이르지 않는 길은 어디에 있는가? 태어남이 없음에 있다. 이것이 도가의 답이다.

4. — 인간세 : 세상살이의 어려움

인생의 두 가지 문제

인간세란 무엇인가? 사람과 사람이 부대끼며 발생하는 관계의 세계다. 마음이 육신에 깃들어 유한한 인생살이가 시작된다. 마음이 참된 자아다. 마음은 생주(生主)다. 생주는 생명의 주체를 뜻한다. 삶의 주인이다. 수양은 이 생주를 기르는 것이다. 장자는 우리 마음을 진군이라고 부른다. 진군은 주인 되는 마음이다. 육신이 아니다. 육신은 병들기도 하지만 마음은 병들지 않는다. 수행만 하면 양생할 수 있다. 양생주는 마음을 기른다는 말이다.

이 세상 모든 마음은 한결같다. 천심이요 도심이요 우주의 마음이다. 이 하나인 마음이 각 육신에 깃들면서 개인이 형성된다. 나 자신의 삶이 시작된다. 본디 마음에는 차별이 없다. 동서고금의 마음이 꼭 같다. 각 개인에게 깃들면서 너와 나의 마음이 생기고 차별이 생기며 유한한 자아를 형성한다. 삶이 유한하다 함은 언젠가는 죽게 된다는 사실만을 의미하는 것이 아니다. 나는 나일 수밖에 없다는 뜻도 지닌다.

나아가 이 세상은 홀로 살 수 없다. 더불어 살아간다. 서로 부대끼며 살아간다. 장자는 "좇아야 할 것이 끝없다."고 하였다. 수많은 경쟁 속에서 살아가야 한다. 올림픽 종목이 얼마나 되는가? 금메달은 몇 개가 걸려 있는가? 경쟁이다. 끝없이 찾아 헤매야만 한다. 함께 일하고, 함께 공부하고, 함께 여행하고, 함께 믿고, 함께 수행하는 것을 일러 동지라고 한다. 의기투합한다고 하기도 한다. 『논어』에서는 '공학적도(共學適道)'라고 표현한다. 함께 공부하고 더불어 진리를 추구한다는 말이다. 인간은 사회적 동물이다. 서로 모여 관계를 형성한다. 부모 자식과의 관계, 형제자매와의 관계, 부부 관계, 사제 관계, 너무도 많다. 이것이 인간사다.

인생에는 두 가지 문제가 도사리고 있다. 첫째는 삶의 유한성이다. 장자는 이를 명(命)이라고 부른다. 두 번째는 끝없는 세상사다. 이것은 의(義)라고 표현한다. 나는 이 세상에 어떻게 나온 것인가? 부모님이 날 낳으셨기 때문이다. 장자는 "자식이 부모를 사랑하는 것은 명이다. 마음에서 지울 수 없는 것이다."라고 하였다. 생명은 부모에게 받은 명줄이다. 그리고 이 명줄은 유한하기 때문에 "나의 삶은 유한하다."라고 하는 것이다. 누구나 목숨은 하나뿐이다. 오직 한 번만 살 수 있다. 두 번 살 수는 없다. 오직 백년만 살 수 있다. 한오백년 살 수는 없는 노릇이다. 이것이 운명이다. 매일 자기 자신으로 살아가는 것이 명이다. 그러나 이 명을 거부하는 사람들이 있다. 자신이기를 거부하는 사람들이 있다. 점집에 가서는 다른 사람으로 바꾸어 달라고 빌곤 한다. 정말 이해할 수 없다. 스스로를 인정하는 것이 명이다. 어머니 아버지가 날 낳으신 것이 나의 명이다. 운명 가운데 가장 중요한 일은 어머니 아버지를 사랑하는 일이다. 그분들이 없이 어찌 내가 있을 수 있겠는가? 나의 명줄은 그분들에게서 온 것이다. 어찌 거역할 수 있겠는가, 운명인 것을.

부모에 대한 사랑은 계산으로 되는 것이 아니다. 아들 노릇, 딸 노릇이 내 운명이다. 무엇을 재려 하는가? 부모가 있기에 참사랑이 이루어질 수 있다. 사랑한다는 것은 매우 피곤한 일일 수도 있다. 도가에서는 부담으로 돌아온다고 여기기도 한다. 남녀 간의 사랑이, 부부 간의 사랑이 때로는 얼마나 우리를 힘들게 하는가! 그러나 어쩌랴. 내가 원하여 사랑한 것인데. 사랑이 집착으로 다가올 때도 있다. 마음에서 떠나지 않아 괴로움을 겪을 수도 있다. 대개는 시간이 해결해 준다. 그러나 부부의 연은 끊기가 쉽지 않다. 미운 정이라고 했던가! 자식이 있어 더욱 질기다. 옭매듭은 왜 그리 풀리지 않는지. 도가에서는 이마저도 풀어야 한다고 말한다. 마치 백정이 소를 잡듯.

장자는 부모에 대한 사랑은 마음에서 떠나보내지 말라고 한다. 떠나보낼 수도 없다. 매듭을 끊는 순간 천애 고아가 될 것이다. 이 세상에 끊을 수 없는 관계는 없다. 오직 부모 자식 간의 관계를 제하고는.

"자식을 버리려 해도 버릴 수 없구나. 매일 밤을 뜬눈으로 지새우니. 문 열고 들어서는 자식 얼굴에 세상이 밝아지는 것을." 초등학교 다니는 아들이 방과 후 집에 돌아와 누르는 초인종 소리가 마치 천뢰처럼 들린다. 재빨리 뛰어나가 문을 열어 영접한다. 가방을 받아 들고는 방으로 향한다. "목마르지 않니?", "누가 괴롭히지는 않았니?", "공부 잘 했어?" 미소 띤 얼굴을 보고서야 방에서 나온다. 언제까지나 곁에 머물고 싶다. 늘 즐거운 아이이기를 빈다. 천뢰다. 끊을 수 없는 연이다. 이왕 끊을 수 없는 것, 응어리로 남게 하지 말라. 고통으로 남게 하지 말라. "아버지 때문에 힘들어 죽겠어!" 안 될 말이다. 응어리가 아니다. 벗어 던지려 해도 벗어 던질 수 없다. 날 때부터 정해진 운명이다.

태어남은 명이고 삶은 의다

인간사에는 두 가지 관건이 있다. 장자는 "천하에 크게 경계해야 할 일이 두 가지 있으니, 하나는 명이고 다른 하나는 의다."라고 하였다. 반드시 통과해야만 하는 난관이다. 스스로 자신을 받아들이기가 너무도 어렵다. 많은 사람들이 자신을 미워하며 일생을 보낸다. 매일 다른 사람을, 다른 삶을 꿈꾼다. "보라고. 다들 얼마나 잘 살아? 그런데 나만 왜 이래, 이 꼴 좀 보라고." 매일 울먹인다. 명을 아는 자만이 자신을 사랑할 수 있다. 물론 남을 인정해 주어야 함은 당연하다. 그러나 동시에 자신을 믿어야 한다. 그래야 서로가 서로를 인정할 수 있다. 자신의 운명만 탓하지 말라. 난관을 극복하기 위해서는 우선 먼저 자신을 사랑해야 한다. 스스로를 받아들여야 한다. 첫 번째 관문이다. 물론 쉽지는 않을 것이다. 그러나 반드시 통과해야 한다. 그렇지 않고서는 삶이 없다.

다음으로 세상사라는 관문을 통과해야 한다. 장자는 의라고 했다. 무엇이 의인가? "신하가 임금을 섬기는 것이 의다. 어디를 가나 그 임금을 모셔야 한다. 이것은 세상에서 피할 수 없는 도리다."라고 장자는 말한다. 태어난 것이 나의 명이다. 일생을 이 명에 의지해 살아가야 한다. 내가 없다면 명도 없기 때문이다. 내 스스로 끌고 가야 한다. 운수에 맡기지 말라. 머리로, 사랑으로, 수양으로 움직여야 한다.

명을 이어 인연이 닿는다. 이 거리 저 거리를 다닐 것이다. 이 마을에서 저 마을로, 이 도시에서 저 도시로, 이 나라에서 다른 나라로 오갈 것이다. 이것이 인연이다. 살면서 다른 사람들을 만날 것이고, 다른 일들이 벌어질 것이다. 운명에 인연이 따른다. 자신에게 생기는 것이 운명이고 다른 것들과 만나는 것이 인연이다. 나의 운명과 너의 운명이 만나는 것이 인연이다. 두 운명이 함께하면 서로 의지한다고 말한다. 서로 의지가 된다면 좋은 인연이다. 두 운명이 같은 길을 가는 것이 좋은 인연이다. 두 사람이 일생을 함께하는 것이 연분이다.

정분이다. 그냥 만나서는 안 된다. 연분이 닿아야 한다.

우리네 삶은 대개 연분이 결정한다. 좋은 상사를 만나는 일, 좋은 동료, 좋은 친구, 좋은 남편, 좋은 아내가 삶에 행복을 준다. 점치는 것은 인연을 알아보는 것이다. 자신만을 점쳐서는 아무 의미가 없다. 체중계에 올라 저울 눈금을 보는 것과 다를 바 없다. 원하는 대학, 원하는 학과에 들어가면 좋은 운명이라 할 수 있다. 그러나 아무리 좋은 조건을 지녔더라도 길고 긴 삶의 여정에서 자신을 알아주는 사람을 반드시 만나리라는 보장은 없다. 마음을 주고 싶은 사람을 만난다는 보장도 없다. 인간관계는 너무도 복잡하다. 아내를 아끼지 않는 것은 한 떨기 아름다운 꽃송이를 소똥에 꽂은 것과 같은 행위다. 인연의 문제다. 왜 그 아름다운 꽃을 소똥에 꽂아 두려 하는가? 이 세상에 얼마나 많은 인재들이 한숨을 쉬고 있는가? 왜 알아주는 사람이 없을까? 인연이 아니기 때문이다.

가정은 명이고 국가는 의다

장자가 말하고자 하는 것은 감정적인 연분이 아니다. 일생일대의 가장 큰 관계는 가정이요 국가라고 장자는 여긴다. 우리의 운명은 가정에 있고, 인연은 나라 속에 있다. 운명은 부자 관계요 의는 군신 관계다. 유가에서도 부자유친이고 군신유의라고 하였다. 장자도 이 점에서는 공자와 궤를 같이한다.

이 세상은 여러 국가들로 이루어져 있다. 나는 내 부모가 낳아 주셨고 나는 그 가정에서 생활한다. 나의 명은 가정에서 자라난다. 하지만 또한 한 나라 안에서 살아간다. 수많은 사람들과 더불어 살아간다. 사천만 국민과 함께 살아간다. 남북한이 한 민족으로 살아간다. 일본인을 만나기도 한다. 싫지만 어쩌랴, 바다 건너 살고 있는 것을. 독도가 자기네 땅이라니. 역사 왜곡이라니. 도대체 누구에게 분풀이 해야 하나? 내가 어부도 아니고, 독도가 누구 땅이든 무슨 상관이람? 어차피 내 땅도 아닌 것을. 역사를 어떻게 날조하던 무슨 상관인가? 내가 사는 데 아무 지장 없는데. 그런데도 어디서부터 이리도 분노가 치밀어 오르는 걸까? 국가이기 때문이다. 대한민국 국민이기 때문이다. 한민족이기 때문이다.

신하가 임금을 섬기는 것을 의라고 하였다. 넓은 의미에서 우리 모두가 신하다. 신하가 임금을 섬기듯 우리는 법을 지켜야 한다. 그 옛날 임금이 곧 법이 아니었던가! 법을 지키는 것이 의다. 모두가 예외 없이 법을 지키는 길만이 대한민국이 사는 길이다. 위에서부터 지켜야 한다. 통치자가 지키지 않는 법을 누가 지키겠는가?

운명은 떨쳐 버릴 수 없고 의는 피할 수 없다. 사랑을 떨쳐 버릴 수 없다. 책임을 면할 수 없다. 부모에 대한 사랑, 사회와 국가에 대한 책임을 떨쳐 버릴 수도 피할 수도 없다. 누구나 국적을 지닌다. 누구든 지구상 어디엔가에 발을 딛고 살아간다. 그곳이 국가다. 어디로 도망가든 결국은 이 지구상 어느 한 곳일 뿐이다. 숙명이다. 어려운 관문이지만 반드시 통과해야만 하는 문이다.

사랑은 떨쳐 버릴 수 없고 의는 피할 수 없다

인생사는 누군가의 자식으로, 누군가의 남편으로, 아내로 살아가는 것이다. 자식 키우는 일이 힘들다. 남편으로, 아내로 살아가는 일이 일평생 버겁다. 그러나 피할 수 없다. 거부할 수도 없다. 힘들지만 넘어야 할 산이다. 어차피 넘어야 할 산이라면 가려서 무엇하랴? 그래서 장자는 "어디를 가나 어버이를 편안히 해 드리라."고 한 것이다. 어차피 가야 할 길, 어느 때면 어떻고, 어딘들 어떠리. "아버지, 오늘이 길일이래요. 오늘은 최선을 다해 효도할게요."라고 말해서는 안 된다. 언제 어디서든 자식이다. 언제 어디서든 효도해야 한다. 그래서 장자는 "어디를 가나 어버이를 편안히 해 드리는 것이 효의 극치"라고 하였다. 나아가 "무슨 일이 있든 국가가 안녕할 수 있도록 하라."라고 하였다. 나는 대한민국 국민이다. 선택의 여지가 없다. 세금 고지서 받을 때만 국민이 아니라고 할 수는 없다. 누구든 군대에 가야 하고, 세금을 내야 하고, 법률을 준수해야 한다. 이것은 국민의 의무다. 아무리 무거워도 짊어지고 가야만 한다.

'어찌해 볼 도리가 없을 때는 운명에 맡겨라.' 라는 말이 있다. 어떤 상황에서라도 부모님을 사랑할 수밖에 없는 운명이라는 말은 어떻게든 받아들이겠다. 유교 문화가 본래 가족 중심 문화 아니었던가. 문제는 국가다. 국가관은 쉽사리 희박해진다. 너도 나도 탈세에 혈안이다. 있으면 있을수록 더하다. 사회정의가 아닌 나를 위한 권력 다툼에 쉴 날이 없다.

세상만사 참 복잡하다. 도로 사정은 너무도 복잡하다. 택시가 가길 거부하는 곳은 왜 그리 많은지. 그러나 어쩌랴, 날아다닐 수도 없고. 어쨌든 학교 가야 하고, 복잡해도 출근해야 하는 것을. 내 힘으로 어찌해볼 도리가 없다. 성내어 무엇하랴. 참아야 한다. 짜증 내지 말라. 위통만 남는다. 서울 거리 어디를 가든 막히지 않는 곳이 없다. 그러려니 해야 한다. 여러 가지 힘들 때는 그저 운명이겠거니 여기는 것이 속 편하다. 혼인을 명으로 보는 것에서 모든 문제가 생긴다. 혼인은 명이 아니다. 부자 관계가 명이요, 모녀 관계가 명이다. 부부는 의로 맺어지는 관계다. 연정이라고 한다. 정으로 맺어진 연이고 의다. 가장 가깝기에, 가장 친하기 때문에 오히려 문제가 생긴다. 이 세상에 태어난 이상 누구든 한 여자의 남편으로, 한 남자의 아내로서 살아가기 마련이다. 누구나 거쳐야 하는 관문이다. 원망해서 무엇하고, 싸워서 무엇하랴. 지나가야 하는 것을.

소요유도 제물론도 양생주도 인간세도 모두가 하나다. 평등이다.

내 학교 네 학교가 평등하고, 내 직장 네 직장이 평등하다. 아내와 남편이 평등하다. 남자와 여자가 평등하다. '왜 나만 이 모양인가?' 비교 속에서 모든 갈등이 생기고 모든 고통이 생긴다. 장자는 「양생주」에서 삶의 유한성을 강조하였다. 그래서 소요유가 필요하다. 하늘을 나는 대붕처럼 날아올라야 한다. 자유를 찾아야 한다. 「인간세」에서는 어쩔 도리가 없음을 강조한다. 어렵지만 반드시 살아야만 하는 것이 인간사다. 인간사가 힘든 까닭은 공평하지 못하기 때문이다. 차별을 두기 때문이다. 그래서 제물론이 필요하다. 신앙이 평등하고, 이상향이 평등하고, 직업이 평등하고, 사랑이 평등하다.

유한하기에 소요유가 필요하고 무한하기에 제물론이 필요하다

평등해야 한다. 남을 무시해서도 안 되고 자신을 비하해서도 안 된다. 사람이 하루 몇 끼나 먹을 수 있겠는가? 세 끼 밥이면 족하다. 그 많은 돈을 어디에 다 쓸 것인가? 한 달에 책 두 권 보기도 버겁다. 만 권 책을 자랑해서 무엇하랴? 문제는 비교다. 남보다 많이 벌고 싶다. 너보다 책이 많다. 살아가는 데 진짜 그렇게 많은 돈이 드는가? 왜 돈 때문에 목숨을 걸어야 하는가? 이 세상 공기를 나 홀로 모두 들이마실 수 있는가? 그럴 수도 없고, 그럴 필요도 없다. 널린 것이 공기다. 장마철 어느 날 모처럼 햇빛이 비친다고 다른 사람들의 볕을 빼앗아

쪼일 수는 없는 노릇이다. 돈도 같은 이치다. 한강 물을 다 들이마시지는 못할 것 아닌가? 이 세상 돈을 모두 내 것으로 만들 필요는 없다. 필요한 만큼이면 족하다. 공기를 마시듯, 햇볕을 쪼이듯, 물을 마시듯.

자유와 평등이다. 불교든 도교든 기독교든 믿고 싶은 대로 믿으면 그만이다. 어디서건 자유를 찾으면 된다. 평화를 얻으면 그만이다. 서로를 미워할 까닭이 없다. 유한한 자아는 소요유를 이루어야 하고, 복잡한 인간사는 제물론을 이루어야 한다. 그렇지 않고서는 끝없는 비교 속에서 일생을 허우적댈 것이다. 왜 나보다 동생을 더 예쁘게 낳아 주셨어요? 왜 형만 키 크게 낳아 주셨나요? 부모를 탓해 무엇하랴. 생긴 대로 살아가는 것이 인생이다. 그래야 편안하다. 언제든 어디서든 편안할 것이다. 그대를 인정하라.

풀 수 없는 것, 인정해라. 도망 못 갈 것, 안주하라

이 세상에 태어난 것이 운명이다. 남편이 되는 것도 운명이고 아내가 되는 것도 운명이다. 대한민국 국민으로 태어난 것도 운명이고, 세금을 내야 하는 것도, 군대를 가야 하는 것도 모두가 운명이다. 명줄은 하나뿐인데 걸리는 것은 왜 이리도 많은지. 피할 수 없다면 그냥 겪을 수밖에. 도망갈 수 없는 것, 인정하고 말자. 그러면 세금 낼 때 스트레스 받지 않을 것이다. 편한 마음으로 군대 생활을 할 수 있을 것이다.

문제는 비교다. 쥐꼬리만한 월급, 세금은 꼬박꼬박 잘도 떼어 간다. '어라, 사업가가, 변호사가 나보다 세금을 조금 내내'. 그러나 어쩌겠는가, 월급쟁이가 나인 것을. 화는 내어 무엇하겠는가? 그렇다고 납부하지 않을 수도 없는 노릇임을. 참을 수밖에. 365일 성내며 살 수 없는 노릇 아닌가! 마음이라도 편해야지. 화내며 운전할 필요 없다. 그렇다고 서울 시내 차들이 사라지고 도로가 넓어지지는 않는 것 아닌가! 그럴 바에야 마음이라도 편하게 먹자. 그러려니 하고 운전하자. 도가에서는 떨쳐 버리라 한다. 부담을 떨쳐 버리고, 스트레스를 떨쳐 버려야 한다. 부모를 모시는 것도 부담이다. 이 세상만사가 스트레스다. 입시도 스트레스고 고시도 스트레스고 취직도 스트레스다. 도가에서는 모두 떨쳐 버리라 한다. 어떻게? 어딜 가나, 어떤 일을 당해서나 안주해야 한다. 명이라면 받아들여야 한다. 내 아버지다. 날 낳아 준 어머니다. 인정하고 받아들여라. 그러면 된다. 비교하지 말라. 무얼 자꾸 비교하려 하는가? 캐나다가, 뉴질랜드가 그렇게도 살기 좋은가? 정말 우리나라보다 좋은 곳인가?

장자가 바라보는 인간은 여러모로 유한하다. 그러나 받아들이고 나면 유한함이 느껴지지 않게 될 것이다. 자신을 인정하고 나면 자신에 대한 미움이 사라진다. 키 160㎝인 나 자신이 미운 때가 있었다.

언제부터인지 모르게 잊어버리고는 이렇게 운명과 인연을 강연하게 되었다. 내가 나 자신을 미워하지 않고 있다는 증거다. 누구에게나 보란 듯이 내 모습을 보여준다. 이제는 비교하지 않는다. 나는 선생질에 만족한다. 그렇다고 고상하다고 여기지는 않는다. 청렴하다고 여기지도 않는다. 청렴은 본디 아무것도 없음을 이르는 말이다. 나는 부모님을 사랑한다. 160㎝로 나를 낳아 주셨지만, 그래도 나는 사랑한다. 이 나라 사람이면 겪어야 할 일을 나도 다 겪는다. 이왕 피할 수 없는 것, 인정할 수밖에. 인정하지 않는다고 또 무엇이 달라질 것인가? 명이겠거니 여기자. 그러면 부담도 스트레스도 사라질 것이다. 한 마리 새가 되어 하늘로 날아오르게 될 것이다. 소요유다. 평소 날아오르지 못하는 까닭은 삶의 무게 때문이다. 부담이, 스트레스가 억누르기 때문이다. 정신이 우선이다. 심령이 먼저다. 날아올라 다시 사람들을 바라보라. 정겹지 않은 사람 없고, 아름답지 않은 사람이 없을 것이다.

비교 때문에 미움이 생긴다. 늘 나보다 성적이 좋고, 늘 나보다 한 발 앞서 가기 때문에 밉다. 비교하지 않게 되는 어느 날 그 친구가 좋은 친구로 다가올 것이다. 모두가 형제고 모두가 자매다. 비교하지 말라. 문득 이웃이 정겹게 다가올 것이다. 오가는 사람들이 모두 정답게 여겨질 것이다. 속도를 다투지 말라. 끼어들면 양보해 주자. 끼어드는 솜씨나 감상하자. 마음이 가벼워질 것이다. 인생관을 바꿔 보

라. 싸움도 답답함도 사라질 것이다. 어떻게 해도 피할 수 없는 것, 그러려니 여기자. 바로 소요유를 이룰 수 있다. 비교하지 말자. 바로 제물론을 이룰 수 있다. 인간세의 뜻이 여기에 있다.

인간세란 사람 사는 세상 이야기다. 인간사는 그물망과 같다. 누구나 그물망 속에 갇혀 살아가야 한다. 선택의 여지가 없다. 떨쳐 버릴 수도 없고 도망갈 수도 없다. 선택할 필요도, 미워할 필요도 없다. 자신을 미워하지 말고 남과 비교하지 말라. 이것이 삶의 지혜다. 이 두 관문만 통과하면 행복이 다가온다. 자유롭다. 친구를 만나도, 이웃을 만나도 모두가 정겹다. 비교하지 않으면 자신도 구하고 남도 구할 수 있다. 그렇지 않으면 모두가 불행해질 뿐이다.

구하려다 오히려 해를 입힌다

공자의 수제자인 안회가 횡포한 위나라 제후를 교화시키고 학정에 시달리는 백성을 구제하고자 유세를 떠날 채비를 하고 있었다. 이에 공자가 "무엇으로 가르치려 하느냐?" 고 묻자, 안회는 "선생님의 가르침을 전하려 합니다." 라고 답하였다. 그러자 공자는 "가면 반드시 다쳐 돌아올 것이야." 라고 찬물을 끼얹었다. 유가의 도리가 옳기 때문에, 공자의 가르침이 옳기 때문에 안회는 틀림없이 위나라 임금이 틀렸다고 말할 것이고, 그렇다면 위나라 임금이 반드시 안회를 가만두지 않을 것이기 때문이다.

잘 생각해 보라. 늘 내가 옳고 남이 틀렸단다. 늘 남을 욕하고도 무사하니 운도 좋다. 공자가 보기에 안회는 재앙을 지니고 가는 사람이다. 잘 사는 사람을 괜스레 건든다. 미국이 그렇다. 어느 나라건 시비다. 툭하면 인권이 없단다. 형편없는 나라란다. 뭘 보고? 오직 미국이 아니라는 이유 하나로? 재난을 몰고 올 뿐이다. 자신만이 옳고 다른 곳은 틀렸다고 외치면 그곳이 바로 재앙의 땅으로 변하는 것 아니겠는가? 왜 남의 나라를 낙후된 국가로 만드는가? 왜 다른 사람을 나쁜 사람으로 만드는가? 이런 사람은 재앙을 부르는 사람이다. 자신만이 정의의 사도라고 여긴다. 공자의 대제자임을 자랑하러 가는 것일 뿐이다.

이 이야기는 물론 사실이 아니다. 우화다. 당시 가장 유명한 인물이 공자와 안회였고, 안회는 또 도가적인 삶을 산 사람이었다. 그래서 장자는 안회를 좋아하였고, 늘 안회의 입을 통하여 도리를 전하곤 하였다. 안회는 누추한 집에서 한술 밥, 한 바가지 물로 하루를 연명하였다. 참기 힘든 생활환경에 살면서도 안회는 즐거움을 잃지 않았다. 공자도 "꽁보리밥에 물 한 사발 마시고 팔베개 베고 누우니 이보다 더한 기쁨이 어디 있으리오."라며 안빈낙도의 삶을 즐겼다.

얼마나 정겨운 모습인가! 고향집 처마 밑에서, 감나무 아래 평상에 누워 낮잠을 즐긴다. 어디엔들 없으랴, 자동차로 스쳐 지나가는 마을마다 선경이 펼쳐진다. 노인 몇 분이 턱수염을 쓰다듬으며 먼 하늘을 물끄러미 바라본다. 이 얼마나 아름다운 모습인가. 황혼녘에 몇몇 노인이 마을 어귀 당나무 아래서 장기를 두고, 옆에서는 화톳불이 타오른다. 바로 공자와 안회의 모습이다.

안회는 세상을 구하기 위해 떠나려 한다. "나는 의사다. 공자에게 배운 의사다. 세계를, 천하를 구하는 의술이다. 나는 그 의대의 가장 뛰어난 학생이다. 내가 아니면 누가 이 세상을 구할 수 있단 말인가? 반드시 가야만 한다." 안회는 곱씹고 또 곱씹는다. 공자는 말한다. "왜 이름을 날리려 하는가? 너 자신이 옳다고 여기겠지? 너는 유가니까. 옳다고 뽐내면 오히려 덕을 잃을 것이다. 덕은 본디 순수한 것이다. 쉽게 설명할 수 있는 것이다. 무장을 하지 않는다면 쉽게 설명할 수 있는 것이 덕이다. 그러나 명성을 좇기 시작하면 순수함은 사라진다. 명예를 탐하고 권세를 탐하고 재물을 탐하는 자, 그대 반드시 혐오할 것이다."

명예를 탐하고 권력을 탐하는 사람들이 바로 안회가 말했던 것처럼 "나뿐이다. 내가 아니면 누가 이 나라를 구할 것인가?"라고 외치며 나선다. 그러나 보라. 위선에 가득 찬 저 국회의원들을 보라. 저 교만한 장관 나으리들을 보라. 순수함을 어디에서 찾을 수 있는가? 자신이 아는 것만이 진리인 양, 자신이 믿는 것만이 진실인 양 떠들어대니 누군들 참을 수 있겠는가. 일국의 임금을 깔아뭉개니 누가 안회를 가만두겠는가? 그 많은 신하들이, 천하의 백성들이 떠받드는 자신을 나무라다니. 참을 수 없다. 그러니 당할 수밖에. "재앙을 몰고 온 자, 재앙을 입을 것이다."라고 장자는 말한다. 모난 돌이 다친다고 하였다. 남보다 앞서려 하면, 남 위에 올라타려 하면 느는 것은 적뿐이다. 누구나 주연이길 원한다. 그러나 너 때문에 조연밖에 못한다. 그러니 해할 수밖에. 해치는 방법은 수없이 많다. 겪어 보라. 얼마나 괴로운가. 이것이 문제로다.

사람을 구하려다 봉변만 더한다

그대 진정 왕을 만나기를 원하는가? 왕과 지식을 다투고 싶은가? 험상궂은 호위병들 사이를 뚫고, 문무백관들이 도열한 어전에 나아가며 기가 꺾이지 않을 자신이 있는가?

옛날 연나라 태자인 단의 요청으로 진시황을 시해하려던 형가라는 자객이 있었다. 연나라 태자는 진무양이라는, 사람 죽이고도 눈하나 깜박하지 않는 무시무시한 무사 하나를 딸려 보내기로 하였다. 그러나 형가는 누군가를 기다리며 떠나기를 미루었고 이에 태자는 의심의 눈길을 보낸다. 하는 수 없이 형가는 진무양만을 데리고 길을 떠났다. 한 사람은 진시황이 원하는 장수의 머리를 들고, 또 한 사람은 연나라 땅 지도를 들고 진시황의 어전에 들어섰다. 순간 그 용맹

하다고 소문난 진무양은 그만 위세에 눌려 무릎이 꺾여 나아가지 못하였다. 그러나 형가는 달랐다. 한 손엔 죽은 장수의 머리를, 다른 한 손엔 지도를 들고 당당하게 진시황 앞에 다가가 바쳤다. 진시황이 지도를 펼치는 순간 두루마리 끝에 비수가 번쩍였고, 형가는 그 비수를 진시황의 가슴에 꽂으려 하였으나 혼자서는 역부족, 결국 뜻을 이루지 못하고 비참한 최후를 맞이했다. 저 용맹스런 무사도 위세에 눌려 기가 꺾이고 마는데, 하물며 일개 서생이 어찌 감당할 수 있겠는가? 저 나약한 지식인들을 보라. 정의의 사도인 양 왜곡된 정치 현실을 바로잡겠다고 정치 일선에 나선다. 그러나 권력의 핵심에 들어서서 하는 짓거리들을 보라. 그저 "옳습니다. 지당하신 말씀입니다."라며 머리를 조아릴 뿐이다. 물로 홍수를 막으려 함이요 불로 불을 끄려 함이다. 남을 끌어내리면 남도 너를 끌어내릴 것이다. 재앙을 몰고 올 뿐이다. 누가 너를 가만두겠는가? 재앙을 당하리라. 나만 옳다고 떠들고 다녀서는 안 된다. 정말 남들은 그르단 말인가? 정녕 다른 신앙은 죄악이란 말인가?

인생은 자신만이 옳다고 여기며 사는 것이 아니다. 유가는 자신만이 옳다고 여긴다. 그러나 도가는 그래서는 안 된다고 말한다. 공자는 안회에게 "마음에도 미치지 못하고, 기에도 미치지 못하였다."라고 꾸짖는다. 왜 상대방에게 재앙을 안겨 주는가? 마음이 통하지 않기 때문이다. 부드럽게, 친절하게 다가가라. 마음을 열라. 마음으로 다가간다면 재앙이 사라질 것이다.

아이들이 낙방하고 돌아오면 이렇게 말하자. "우리가 왜 떨어졌을까?" '우리'라고 말하자. "너 왜 이 모양이야? 멍청한 녀석. 아빠 얼굴 어떻게 들고 다니라고 그래?"라고 말하지 말자. "우리 함께 살펴보자. 우리가 무얼 틀렸는지 함께 살펴보자."라고 말하자. 이것이 부자유친이다. 안 그래도 속상한 아이를 왜 혼내려 하는가? 아이들이 어디에서 위안을 받으라 하는가? 마음을 열라. 그러면 자식의 마음이 열릴 것이다. 그 마음속으로 들어가서 대화하라. 이것이 인생이다. 얼마나 간단한가!

함께 하자

나아가 기로 통해야 한다. 두 사람의 생명이 서로 통해야 한다. 상생상극이라는 말이 있다. 상생은 다름 아닌 둘의 기가 서로 어우러져 통하는 것이다. 무엇이 우정인가? 서로 정이 통하기 때문이다. 이심전심이라고, 눈빛만 봐도 서로를 느낄 수 있어야 한다. 이것이 사랑이다. 절로 손을 마주 잡고, 손에 손 잡고 하나 될 때 세상사 풀지 못할 일 그 무엇이 있겠는가?

안회는 계속 새로운 방법을 찾아 선생님께 고했고, 공자는 그때마다 아니라고 말한다. 문제의 본질을 비껴간다. 해결책이 늘어나면 늘

어날수록 번거로움만 더할 뿐이고 재앙만 더할 뿐이다. 학문이 문제가 아니고 지식이, 재능이 문제가 아니다. 서로 통해야 한다. 마음이 통하고 기가 통해야 한다. 말이 필요없다.

그래서 장자는 우리에게 '심재(心齋)'를 가르친다. 마음을 재계하라고 외친다. 우리는 목욕재계하고 기도를 올린다. 몸을 깨끗이 하고 경건한 자신을 표현한다. 앞에서 크게 경계해야 할 일이 두 가지라고 말했고, 지금 또 심재를 말한다. 재계란 본디 고기를 멀리하고 계를 받는 종교의식이다. 그러나 장자는 마음에서 재계하라 한다. 어떻게 마음을 닦으라는 말인가? 장자는 "귀로 듣지 말고 마음으로 들을 것이며, 마음으로 듣지 말고 기로 들어라."라고 말한다. 왜냐하면 '듣는 것은 귀에서 멈출 뿐이고, 마음은 외부 사물에 부합될 뿐이다. 기라는 것은 텅 비어 사물이 오기를 기다리는 것' 이기 때문이다. 장자는 공자의 입을 빌려 이와 같이 수양하라고 말한다. 그래야만 재앙을 몰고 다니지도 않게 되고, 끊임없이 이어지는 위기 상황을 벗어날 수 있다고 충고한다. 그렇지 않으면 풀섶을 들고 불 속에 뛰어들어 다른 사람의 입노릇이나 하게 될 것이라고 경고한다. 심재를 하고 나면 인심에 통달하고 기에 통달하게 될 것이다. 문제는 어떻게 통달할 수 있는가에 있다. 약방문이 있어야 약을 달여 먹을 것 아니겠는가?

심재란 손에는 주식이, 마음속에는 주가가 없는 것이다

우선은 귀로 듣지 말라고 가르친다. 귀는 얇은 것이다. "이것이 인기 주식이다." "내일이면 상한가를 칠 것이다." 바로 쫓아간다. 장자는 말한다. 마음에 주가가 없어야 한다. 이것이 바로 심재다. 마음에 주가가 없기 때문에 주식이 아직 손에 남아 있을 수 있는 것이다. 주식이라는 놈은 본래 널뛰기가 주특기다. 매일 오른다고 누가 보증할 수 있는가? 한결같다면 시장이라 할 수 있겠는가? 한결같은 것은 보험이다. 이 세상 어디에 주식 보험이 있는가? 손해보기 마련이다. 그래서 귀로 듣지 말라고 하는 것이다. 시장 뜬소문이라는 것이 본디 믿을 것이 못 된다. 뜬소문이란 돌고 도는 것이다. 불교에서는 이를 일러 '팔식유전(八識流轉)'이라고 한다. 귀로 듣는 소문은 돌고 도는 뜬소문이요 헛소문이다. 그러니 믿을 것이 못 된다. 마음으로 들어라. 귀로 들리는 것은 자동차 소음이요, 시정잡배들 잡소리다. 지금 우리는 이 떠들썩한 세상사를 논하자는 것이 아니다. 소요유의 세상사를, 제물론의 세상사를 말하고 있다. 그러니 귀로 듣지 말고 마음으로 들어라. 마음으로 받아들여라. 시도 때도 없이 변하는 오감에 기대지 말라. 나 자신도 못 믿을 것이 내 눈이요, 내 귀요, 내 혓바닥이다. 늘 시끄럽고 늘 짜증나고 늘 불안하다. 마음으로 돌아가라. 그러면 자신의 모습을 볼 수 있을 것이다. 자신의 세계와 만나게 될 것이다. 조용하고 담백한 눈으로 세상을 볼 수 있을 것이다. 흐트러진 마음을 다잡아라. 그것이 정좌다. '정신일도 하사불성' 이라 했다. 마음으로 볼 수 있게 되거든 한 발 더 나아가 기로 들어라. 마음에서 지식이 생기고, 마음에서 분별이 생긴다. 마음마저도 없애야 한다. 아무것도 이용하지 말고 들어라. 그러면 모든 것이 밝게 드러날 것이다. 이것이 도가의 지혜다.

천하만물은 유로부터 생기고 유는 무로부터 생긴다

무는 보려 해도 볼 수 없다. 그러나 모든 유는 무로부터 온다. 당신의 영감, 당신의 생각, 당신의 이념은 무를 통해 오는 것이다. 그러니 마음으로 듣지 말고 기로 들어라. 원문은 원래 '듣는 것은 귀에 머무른다[聽止於耳]' 라고 되어 있다. 그러나 '귀는 듣는 것에 그친다[耳止於聽]' 이라 해야 마땅하다. 귀는 감각기관이고 감각은 듣는 것에서 멈출 뿐이다. 그렇다면 마음은? 마음은 외부 사물이나 사태에 응하여 부합하는 것이다. "몇 시에 만날까?" "9시 30분에." 물음이 있고 난 다음 마음에 결정을 내리고 대답하게 된다.

무엇을 일러 기라 하는가? 첫 번째 관문은 귀고 두 번째 관문이 마음이고 세 번째 관문이 기란다. 기로 들으라는 말이 도대체 무슨 뜻인가? "기란 텅 비어서 사물을 기다리는 것이다."라고 하였다. 무엇을 비우고 무엇을 기다리라는 말인가? 인간은 홀로 살 수 없다. 산다는 것은 더불어 사는 것이다. 물리 세계와 더불어 살고 사회와 더불어 살아가게 마련이다. 피할 도리가 없다.

우리는 서울 거리에서 살고, 한국 사회에서 산다. 한국의 생태 환경이 자연물(自然物)이다. 서울의 교통, 한국의 법률은 사회물(社會物)이다. 너무나 복잡한 사물과 사건들이 부담으로 내 곁에 다가오곤 한다. 싫어도 거부할 수 없다. 왜 인간세인가? 세상사를 떠나 살 수는 없는 노릇이기 때문이다. 지리산 깊은 골짜기도 사람 사는 세상이고 백두산 천지에도 사람이 오른다. 그러므로 떠나고 말고의 문제가 아니다. 어떻게 대할까가 문제다. 누구든 이 지구를 떠나 살 수 없다. 지구는 하나뿐이다. 지구촌이다. 중동의 위기가 곧 세계의 위기다. 두 진영과 우리 사이에 무슨 문제가 있겠는가? 그러나 피할 수 없는 위기가 늘 우리 곁을 맴돈다. 굶주림과 테러에 시달리는 지구촌 소식에 우울해진다. 어찌해야 좋을까? 독도가 자기네 땅이라니, 우리를 위해 식민지로 삼았다니…. 일본 사람이라도 하나 잡아 흠씬 두들겨 패야 속이 후련할 것 같다. 그러나 어쩌랴, 국제관계라 하니.

타인을 죽이지 말라

삶이라는 것이 남의 희생양이 아니면 박수 부대나 되니 비참할 노릇이다. 수양이 필요하다. 심재를 이루고 사물을 대해야 한다. 허로써, 기로써 사물을 대해야 한다. 눈과 귀란 믿을 것이 못 된다. 시시때때로 변하는 것이 인간의 감정이다. 그러니 마음으로 들어라. 그러나 마음이란 놈은 집착을 불러일으킨다. 눈과 귀보다 더 무서울 때도 있다. 늘 마음속에서 사람들을 죽이곤 한다. 자식의 가장 큰 비극이 무엇인지 아는가? 바로 부모로부터 버림받는 일이다. 아무짝에도 쓸모 없는 놈. 학생의 가장 큰 비극이 무엇인지 아는가? 바로 선생으로부터 죽임을 당하는 일이다. 가르칠 필요가 없는 놈. 모두가 마음이란 놈이 일으키는 저주다. 때로는 천사요 때로는 악마다. 누군가를 사랑할 때는 천사 같던 마음이 어떻게 그렇게 악마로 변하여 저주를 퍼부을 수 있단 말인가?

장자는 마음을 없애란다. 분별하는 마음을 없애란다. 그래야 마음이 서로 통할 수 있다고 한다. 아니 통할 필요도 없다. 본디 하나가 아니던가? 마음을 없애면 그가 내 안에 있게 된다. 마음이 생기는 순간 그는 언제나 바깥에 머물게 된다. 내 말에 따라야 돼. 내가 믿는 신만이 진리야. 이것이 문제다. 나의 신앙을 잊어라. 그러면 그의 신앙을 인정할 수 있다. 그러면 재앙이 사라질 것이다. 어머니의 신앙을 미신이라 말하지 마라. 어머니가 즐거우실 것이다. 가정에 평화가 찾아올 것이다.

거울을 보라. 무슨 마음이 있는가? 무슨 기준이 있는가? 그냥 텅 빈 채 그대가 오기만을 기다릴 뿐이다. 웃으면 웃는 그대로, 울면 우는 그대로 맞이할 뿐이다. 너 왜 그렇게 말랐냐고, 왜 그렇게 뚱뚱하냐고 묻지도 않는다. 나무라지 않는다. 그대는 아침마다 거울을 닦는가? 더 예뻐 보이려고? 아니다. 있는 그대로를 보고 싶어서이다. 왜 거울만 열심히 닦는가? 왜 마음은 닦지 않으려 하는가? 이 세상을, 내 감정을, 번거롭다고 버릴 수는 없는 노릇이다. 이 세상에서 감정을 가지고 살아가야만 하는 것이 인생이다. 마음을 비워라. 가르지 말라. 비교하지 말라.

무로써 유를 낳는다

세상사는 한 마리 소와 같고, 세상살이란 그 소를 잡는 일과 같다. 수많은 뼈와 근육 사이를 헤집고 다니며 고기를 발라내는 작업이 인생이다. 칼날이 예리하면 할수록 틈이 더 넓어 보인다. 종국에는 칼날마저 사라져야 자유자재로 부릴 수 있다. 마음의 무게를 덜면 덜수록 세상사가 편해진다. 마음이 왜 무거워지는가? 두께 때문이다. 나와 너의 분별이 생기고 나면 내 것 네 것의 구분이 생기게 된다. 비교가 생기게 되고 옳고 그름이, 좋고 나쁨이 생긴다. 미움이 쌓이고 울타리가 늘어난다. 믿을 놈 하나 없다. 사는 것이 지옥이다.

없애라. 분별을 없애라. 그러면 울타리가 사라질 것이다. 만나면 반갑고 모두가 정겨운 사람들이다. 악연이 사라질 것이다. 모두가 좋은 인연이다. 부부가 좋은 인연이고, 친구가 동료가 좋은 인연이다. 영호남이 하나 되고, 남과 북이 하나 된다.

마음을 재계해야 한다. 귀로 듣는 단계를 넘어 마음으로 듣는 단계에까지 올라야 한다. 나아가 무심의 단계에까지 이르러야 한다. 무심이란 기를 일컫고 허를 일컫는다. 텅 빈 기를 일러 허무라고 하는 것이다. 허무란 내가 없는 상태다. 자기 입장을 세우지 않음을 일컫는다. 나를 내세우면 남을 판단하고 비난하고 거부하게 된다. 남편임을 버려라. 그러면 아내가 보일 것이다. 아내임을 버려라. 그러면 남편이 사랑스러워질 것이다. 반대로 자신을 버리지 않는다면 마음이 통하지 않을 것이고 따라서 기도 서로 감응하지 않게 될 것이고 미움만 쌓이게 될 것이다.

상대방을 대한다는 것은 서로를 살려 준다는 것이다. 부부는 함께 사는 사이 아닌가? 살려 준다는 것은 구원을 의미한다. 종교가 무엇인가? 사람을 구원하여 새 생명을 찾아 주는 것 아닌가? 이 세상은 사람들이 모여서 이루어진 것이다. 모였기에 갈라지고 찢어지고 싸움이 일어난다. 그래서 수행이 필요하다. 수행해야 마음이 이어지고 기가 통한다. 자신을 버리는 길 외에 다른 길이 없다. 나를 버리면 네가 살고 너를 버리면 내가 산다. 너와 내가 너불어 유쾌하게 사는 날이 올 것이다.

5. — 덕충부 : 선천적 질곡

사람으로 살아가는 것은 명(命)이고

국민으로 살아가는 것은 의(義)다

덕충부(德充符)에서 부(符)는 부응, 혹은 부합을 뜻한다 옛날 병부(兵符)를 반으로 나눈 것에서 유래한다. 병영이 왕궁으로부터 멀리 떨어져 있는 까닭에 왕의 명령이 장군에게 제대로 전해지지 못하는 경우가 있었다. 또한 가짜 밀지가 도달하는 예도 있었다. 따라서 왕은 병부를 반으로 쪼개어 장군에게 한 쪽을 하사하고 다른 한 쪽을 자신이 지니고 있다가 사자를 보낼 때 들려 보내 군령을 확인할 때 쓰곤 하였다. 마치 똑같은 전세 계약서를 두 장 써서 서로 도장을 찍고 나누어 가지고 있듯.

인생의 두 가지 문제란 하나는 자기 자신에 대한 문제고, 다른 하나는 남과의 관계에서 발생하는 문제다. 누구든 몸과 마음을 지니고 태어난다. 모두가 인물이다. 그리고 이 세상은 혼자 살아갈 수 없다. 자아와 자아들이 더불어 살아간다. 이것이 사회다. 인간은 사회적 동물이라 하였다. 따라서 사회와 세계 전체와의 사이에서 갈등이 생기곤 한다. 인생은 내 마음이 나라는 몸에 깃들면서 시작된다. 이 세상 모든 사람들이 인물이다. 그러나 모두가 다르다. 이것이 명이다. 서로 다른 사람들이 더불어 살아가는 것은 연(緣)이라 한다. 이 세상에 살면서 스스로에게 만족하며 살아가는 사람이 몇이나 되겠는가? 스스로에게 난제를 던지고 자학하며 남을 닮을 생각만 하다가 이 세상과 하직을 고하는 사람도 적지 않다.

하루 세 끼 거르지 않고 먹고 따뜻한 방에서 편안히 잠잔다. 살 만하다. 그러나 비교가 문제다. 남들은 나보다 더 좋은 음식을 먹고 더 큰 집에서 산다. 불공평하다. 이것이 문제다.

끊을 수 없는 운명과 피할 수 없는 의를 지니고 살아가야 하는 것이 인간이다. 누구나 어머니 아버지에게서 태어난다. 끊으려야 끊을 수 없는 핏줄이다. 이것이 명이다. 명이란 부자 관계를 말한다.

그리고 사회의 일원으로 살아간다. 예전에는 누군가의 신하로 살았다. 의란 이 군신 관계를 말한다. 임금은 오늘날 국가 혹은 사회라고 할 수 있다. 어느 누구도 한국 사회로부터 벗어날 수 없다. 이것이 의다. 하와이에 가도 뉴질랜드에 가도 허리가 잘린 우리 한반도를 생각하게 될 것이다. 북극에 가더라도 우리는 한국인다. 벗어날 수 없다.

우리는 사람으로 이 세상을 살아간다. 산천초목이 아니고 금수도 아니다. 아름다움을 느낄 줄 안다. 존엄한 삶을 영위한다. 인간은 만물의 영장이다. 왜 앉으나 서나 매가리가 없나? 어깨를 활짝 펴고 반듯하게 서 보라. 만물의 영장이 아닌가, 존엄한 존재가 아닌가! 한민족으로 태어나 이 땅에 살고 있다. 우리 한민족이 존엄하게 살아 숨쉴 수 있도록 해야 하지 않겠는가?

중요한 것은 마음이다

누구나 외국에 나가면 애국자가 된다고 한다. 이 땅에서는 한 인간으로 살아가다가 외국에 가면 한국인임을 강렬하게 자각한다고 한다. 우리는 사람을 인간이라고 부른다. 인간이란 사람 인(人) 자와 사이 간(間) 자가 합쳐져 만들어진 단어이다. 인간이라는 말 자체가 사회를 떠나서 사람을 이야기할 수 없음을 보여준다. 더불어 살면서 존엄을 말하고 가치를 말할 수 있는 것이다. 우리는 커다란 마음을 지니고 있다. 사랑의 마음은 끝없고, 바람은 무궁하다. 이 세상 모든 것을 마음속에 다 담을 수 있다. 눈을 감고 지구를 생각하면 지구촌이 우리의 사상이고 심령으로부터 실현된다. 우주 전체를 마음에 담을 수 있다. 그러나 또한 우리는 인물임을 잊어서는 안 된다. 마음은 가없이 크지만 물(物)은 작다. 겸손해야 한다. 물이기 때문에 물욕이 생긴다. 인물에서 물은 유한함을 상징한다.

무한한 마음이 유한한 물체에 깃들기 때문에 "나의 삶은 유한하다."라고 장자가 말한 것이다. 각양각색이라고 하였다. 태어난 곳이 다르고 자란 환경이 다르다. 재주가 다르고 직업이 다르다. 다르기에 아름답지만 다르기에 복잡하다. 경쟁도 심하다. 이것이 인간사다.

덕은 안에서 충만하여 밖으로 부응한다

왜 덕충부를 말해야 하는가? 안으로 덕을 충실히 길러야 한다. 물욕으로 삶의 방향을 잡아서는 안 된다는 말이다. 물욕은 화를 낳고 상처를 남긴다. 마음이 더욱 넓어지고 인간관계가 더욱 좋아지는 것을 일러 안으로 덕이 충실해진다고 하는 것이다. 누구든 몸과 마음으로 이루어져 있다. 마음은 덕이고 육신은 기다. 인생에서 덕의 함양을 목표로 삼아야지, 육신의 욕망을 좇아서는 안 된다. 인생은 자신의 마음이 충만해지도록 노력하는 과정이지 끝없는 물욕 성취의 역사가 아니다. 수양의 문제다. 수양은 마음을 끌어내는 것이지 기를 끌어내는 것이 아니다. 기는 안으로 감추어야 한다. 심지어 재기(才氣)까지도. 도가에서는 기를 거두라 한다. 재기가 너무 강하면 다른 사람을 압박하기 때문이다. 100점을 맞으면 50점 맞은 친구에게 미안한 마음을 가져야 한다. 절대로 자신의 총명함을 우쭐대지 말아야 한다. 남을 업신여기지 말아야 한다. 정반대로 남에게 미안한 마음을 지녀야 한다. 너로 인하여 얼마나 많은 사람들이 열등감 속에서 살아가는가?

도가에서는 재기를 너무 드러내지 말라고 말한다. 그것은 명이기 때문이다. 인간이면 누구나 서로 다른 운명을 지니고 태어난다. 너의 총명함은 너의 명이 좋음을 대표할 뿐이다. 다른 이들보다 고귀함을 뜻하는 것이 아니다. 내가 비록 50점밖에 받지 못하였지만 너보다는 더 남을 사랑할 줄 안다. 100점이라고 오만하게 굴다니, 그래서 어쨌다는 거야! 덕으로 비교하라. 재주를 비교하지 말라. 외모를 비교하지 말라. 그렇게 태어난 걸 어쩌라는 말인가. 누구는 한 번 보면 수학 문제를 풀고, 누구는 몇 번을 계산하여도 풀 수가 없다. 천성이 그런 것을 어쩌란 말이냐. 재기를 비교하지 말자. 덕으로 말하자. 맑고 밝은 덕성을 끄집어내어야 한다. 심령을 열자. 마음을 넓혀 남을 포용하라. 재기는 가라앉혀라. 재기란 한 자루 검(劍)과 같은 것이다. 검은 검기를 번뜩인다. 검기를 뽐내며 상대방의 가슴을 향해 예봉을 날린다. 예봉을 거두라. 자신의 재기를, 아름다운 외모를 거두라. 그래야 더불어 숨 쉬며 살 수 있다.

서로를 이해하자. 용서하자. 왜 한 사람은 화내고 한 사람은 한숨 속에 살아야 하는가? 선생이 화내고, 부모도 화내고, 가장 친한 친구도 내게 화를 낸다. 남편과 아내가 서로 화내며 산다. 한숨 쉴 도리밖에. 이것이 인생이다. 필경 우리가 천사는 아니지 않은가. 우리는 인물일 뿐이다. 물에는 기가 포함되어 있다. 노기가 표출되지 않을 수 없다. 그러나 참아야 한다. 서로가 서로를 동정하고 나아가 포용해야만 한다. 불교에서는 이를 자비라고 부른다. 기독교에서는 박애라고 부른다. 자신의 노기를 누르고 마음속에 사랑이 가득 넘치게 수양한 다음 그대로 흘러넘치게 하면 그만이다. 이것이 덕충부다.

동정 어린 눈에서만 그쳐서는 안 된다. 나아가 감상하여야 한다. 사랑스런 아이를 바라본다. 해맑은 눈동자가, 환한 웃음이 어찌 그리 천진난만한지! 누군가를 만나면 그 부드러움에 저절로 안도감이 생긴다. 이 모든 것들이 그들의 물을 통하여 다가오는 인상이다. 그러므로 밖으로 부응한다는 말은 서로 통한다는 말이다. 의기투합이라는 말이 있지 않은가! 묵계(默契)라는 말도 있다. 이심전심이라는 말도 한가지다. 그러나 서로 다른 기질의 사람들이 어떻게 의기투합할 수 있는가? 여전히 문제로 남는다.

삶의 역정이란, 도가에서 바라보면 밖으로 표류하고 추락하는 과정이다. 자라서 성인이 되는 대가는 어린 시절의 순수함을 잃어버리는 것이다. 실낙원에서 서로 경쟁하고 싸우는 자신의 모습을 발견하는 것이다. 덕충부는 순수함을 되찾는 것이다. 순수하면 할수록 더욱 잘 통할 수 있다. 소꿉놀이 하는 아이들을 보라. 어디에 시기가 있고 어디에 질투가 있는가? 무엇을 뽐내는가? 너와 내가 없이 서로 하나 되어 놀 뿐이다.

신궁의 과녁 속에 살라

신도가(申徒嘉)라는 사람이 있다. 다리 한쪽이 없는 절름발이다. 덕충부에 나오는 인물은 모두가 지체 장애자들이다. 장자는 왜 그런 사람들을 주인공으로 내세웠을까? 왜 주윤발 같은 영웅호걸을 내세우지 않았을까? 왜 임청하 같은 재원을 앞세우지 않았을까? 왜 지체 장애자들인가? 아마도 무언가 깨뜨리려 했을 것이다. 고정관념을 깨뜨리기 위해서였다. 인생은 생김새나 재기를 다투는 것이 아니다. 아름다움과 젊음을 다투는 것이 아니다. 아름다움을, 젊음을 다투는 것이 인생이라면 얼마나 비극적인가? 인생에서 가장 화려한 때는 언제인가? 열다섯 살에서 스물다섯 살까지다. 젊음을 뽐내고, 아름다움과 준수함을 뽐낼 수 있는 시절은 단 10년에 불과하다. 스물 다섯이 지나면 활짝 핀 꽃봉오리가 시들어 가듯 서서히 젊음이 지나간다. 그러나 어쩌랴. 80년, 90년을 살아가야 하는 것이 인생인 것을.

그래서 장자는 삶의 가치란 형체에 있는 것이 아니고 마음에 있음을 우리에게 일깨워 주려고 지체 장애자들을 주인공으로 내세우는 것이다. 신도가는 정(鄭)나라의 명재상 자산(子產)과 동창생이다. 스승의 이름은 백혼무인(伯昏無人)이다. 백이란 나이 많음을 뜻하고, 혼이란 분별을 두지 않음을 뜻한다. 그리고 세상에 자신의 모습을 드러내지 않아 얼마나 높은 경지를 이루었는지, 얼마나 센지 아무도 아는

이가 없다는 의미다. 그래서 백혼무인이라는 이름을 붙였다.

신도가는 이런 말을 한다. "사람은 태어나면 누구나 예의 과녁 속에 산다." 신도가가 어떻게 한쪽 다리를 잃었는지 장자는 설명하지 않았다. 예는 전설 속의 신궁(神弓) 이름이다. 우리는 누구나 과녁 속에서 신궁의 화살을 마주하고 살아간다. 많은 궁사들의 활이 과녁에 명중할 것이고 우리는 화살촉에 맞아 신음할 것이다. 이것이 인생이다. 빌딩을 사자마자 부동산 시세가 바닥에 떨어지는 사람이 있을 것이며, 증권시장에 뛰어들자마자 바닥을 쳐 휴짓조각이 되어 버리는 사람도 있을 것이다. 장사 운을 남에게 빼앗긴 사람도 있을 것이고, 출신 배경부터 남에게 뒤진 사람도 있을 것이다. 우리는 이 세상에 살면서 다방면으로 남에게 비교되어 무력감에 빠져든다. 명예와 이익은 왜 그리도 멀리하기 어려운지. 나보다 더 지위가 높은 사람의 화살에 맞는다. 나보다 재주가 뛰어난 사람에게 지고, 나보다 더 잘생긴 사람에게 진다. 상실감과 좌절, 모두가 가슴에 꽂힌 화살이다. 장자는 이것이 인생이라고 말한다. 누구도 피해 갈 수 없는 화살이다. 피할 수 없는 숙명이라고 말한다.

어쩌란 말인가? 신도가는 백혼무인을 통하여 운명에 안주하라는 가르침을 깨닫는다. 피할 수 없다면 내 삶의 일부로 받아들여라. 신도가의 다리는 아마 무엇인가에 의해 잘렸을 것이다. 전란 중에? 아니면 누명을 쓰고? 그것도 아니면 길을 가다가 재수 없게 유탄에 맞아? 도대체 내가 무슨 잘못을 저질렀기에 유탄에 맞아야 하는가? 하고많은 사람들 중에 왜 하필 나야? 나는 룸살롱도 노래방도 가지 않는다. 도시의 밤거리는 술 취한 사람들로 가득하다. 누군가 허리에 찬 총을 꺼내 난사한다. 경찰도 맞아 죽는다. 물론 치안이 이렇게까지 난장판은 아니다. 다만 그럴 수도 있다는 말이다. 살아가면서 종종 사회로부터 오발탄을 맞기도 한다. 횡단보도에서 얌전히 신호를 기다리고 있는데 뒤에서 커다란 트럭이 덮친다. 누군가 신호를 위반하면 반드시 다치는 사람이 있기 마련이다. 질서 좀 지키자. 교통 규칙 좀 잘 지키자. 왜 과녁에 묶인 채 날아올 화살을 기다려야 하는가? 강도, 강간, 살인…. 아이들도 예외 없다. 도대체 어떻게 된 사회인가? 누구도 피할 수 없는 화살이다. 받아들일 수밖에. 다른 도리가 없다. 신도가는 내 것으로 만든다. 날 때부터 다리 하나 없었다고 여기며 살아간다.

자산은 다리 하나가 더 있다

신체적 결함을 잊으려 얼마나 노력했는데, 이제 겨우 마음의 평정을 되찾았는데, 동문수학인 자산의 비아냥에 슬픔이 복받치는 신도가다. 똑같이 스승인 백혼무인의 제자인데, 신도가는 장애를 극복하였는데, 정치가인 자산은 지체 장애자라는 이유로 친구를 업신여긴다. 신도가는 "화살에 맞지 않은 것도 운명이야."라고 말해 준다. 자산은 다리가 하나 더 있으니 꽤 괜찮은 명을 지니고 산다고 말하는 듯하다. 묘한 뉘앙스를 풍기는 어투다. 마치 다리 하나가 정상인데 왜 다리가 하나 더 있냐고 자산에게 반문하는 듯하다. 어떤 업보로 다리 하나가 더 생겼느냐고 되묻고 있다. 예리한 반박이다.

도가는 쉽사리 다칠 수 있는 것이 인생임을 깨우쳐 준다. 모두가 화살이다. 화살이란 나쁜 경쟁을 뜻한다. 사람이 많이 모이면 모일수록 부상의 위험 또한 커진다. 누구나 과녁에 묶인 채 살아간다. 언젠가 날아올 화살을 기다리며. 물론 운 좋게도 화살이 빗나가는 수도 있겠지. 마음속에 덕을 쌓지 않기 때문에 화살에 맞는 것이다. 누구나 자신을 표현하고 싶어한다. 자신의 재주를 자랑하고 싶어 안달이다. 바로 남과의 비교로 이어진다. 우리 몸은 마치 칼날과도 같다. 칼날에 서린 살기를 보며 우리는 두려움에 전율한다. 보석에 명품으로 온몸을 치장하고 고개를 빳빳이 들고 활보하는 사람은 쳐다보는 나머지 사람을 초라하게 만든다.

누구나 자신의 자신 있는 부분을 자랑하고 싶어한다. 돈, 명예, 권력, 재능 등. 이런 것들은 화살과 같은 것이다. 당신이 시위를 당기는 순간 주위의 모든 사람들이 다친다. 부인은 땀을 흘리며 청소하는데 남편은 쇼파에 앉아 콧노래나 흥얼거리고 있다면 노래는 화살이 되어 부인의 가슴에 꽂힐 것이다. 이렇게 바쁜데 콧노래나 부르다니.

함께하라. 나라면 재빨리 서재에 들어가 책이라도 볼 것이다. 그래야 나도 바쁜가 보다 여기며 아내 마음이 덜 억울할 것 아니겠는가?

한 사람의 웃고 즐김이 상대방에게 눈물로 나타난다. 그대가 즐길 때 가족들은 아픔을 당한다는 생각은 해 보지 않았는가? 당신은 이미 신궁이 되었다. 당신의 화살은 백발백중 가족들의 가슴에 꽂힐 것이다. 피하려 해도 피할 수 없는 솜씨다. 가정은 백발백중의 사대다. 얼마나 많은 사람들이 부자 관계, 부부 관계 가운데 상처를 입고 살아가는가? 전쟁터 아닌 곳이 없다. 이 사회, 인간들이 사는 이 세상은 왜 서로가 서로의 가슴에 화살을 날리며 살아가야 하는가?

백혼무인은 신도가의 다리가 하나뿐이라는 사실을 모르고 산다. 그러나 정자산은 신도가에게 다리가 하나뿐이라는 사실, 즉 지체 장애자라는 사실을 상기시킨다. 그러니 신도가가 너는 왜 다리가 하나 더 있느냐고 물을 수밖에. 장자는 인생을 통찰하였다. 고난의 운명을 지닌 사람들 편에서 세상을 바라본다. 어디든 과녁 한가운데다. 다치지 않는 사람이 어디 있겠는가? 원래 그런 것이 인생이다. 차라리 네 것으로 받아들여라. 고난 중에 잃은 다리, 억울하게 잘린 다리, 엄마가 그렇게 낳아 준 것이겠거니 여기며 살아가라. 내 모습을 드러내고, 네 모습을 드러내어 비교하는 가운데 상처를 입는다. 지극히 정상적인 내가 어느 순간 장애자로 전락한다. 비교가 문제다. 모두가 귀하디 귀한 자식이다. 왜 내가 상처받아야 하는가?

재테크 하는 머리가 없어서 부동산 투기도 못하고 주식도 못한다. 마치 인생의 패배자요 현대 사회의 낙오자인 듯 느껴질 때가 있다. 갑자기 다리가 하나 없어진 듯한 느낌이다. 어찌해야 할까? 마음으로 돌아오라. 안으로 덕을 쌓으라. 겉으로 드러내면 화살이 되어 누군가에게 상처 입힐 것이다. 쌓인 덕으로 남들을 응대하라. 그러면 상처도 없고 좌절도 없고 다리도 온전하게 될 것이다. 다리는 상징이다. 생각해 보라. 장자가 무엇을 말하려고 하는지.

운명의 질곡은 풀 필요가 없다

이번엔 숙산무지(叔山無趾)의 이야기를 해 보자. 숙산은 아마도 주인공이 태어난 곳의 지명인 듯하다. 지(趾)는 발가락을 뜻하니 무지란 발가락이 없음을 이른다. 그는 발가락이 없는 사람이다. 날 때부터 그런지 아니면 잘렸는지 장자는 설명하지 않았다. 어렵사리 걸음을 옮겨 공자를 배알한다. 공자는 숙산무지의 흉측한 몰골을 보고는 애처롭게 여기며 동정을 표하였다. 발가락이 잘려 나간 주인공으로서, 무지는 덕(德)의 신분으로 와서 마음으로 서로 통하기를 기대했는데 돌아온 것은 지체 장애자에 대한 동정어린 눈빛이었고, 따라서 실망을 금할 길이 없었다.

공자는 무지가 도를 통한 사람인 줄 미처 알아보지 못하고 다만 이

험한 세상에서 상처 입은 사람 가운데 하나이겠거니 여기고 동정심을 표현했다. 그러나 숙산무지는 비록 발가락이 잘려 나가기는 하였지만 도가의 수행을 통하여 발가락이 없음을 잊어버리고 심령의 대화를 나누고 싶어서 그 유명한 공자를 찾아왔는데 공자가 지체 장애자로 자신을 보았으니 얼마나 마음이 아팠겠는가? 공자는 제자들에게 "발가락을 잘린 저 숙산무지도 자신의 덕을 쌓는데, 멀쩡한 우리는 지금 무엇을 하고 있단 말인가?" 라고 한탄하며 말하였다.

숙산무지는 공자에게 의지하려고 갔는데, 첫 만남에서 "왜 발가락을 잃게 되었나?" 라는 공자의 말 한마디에 실망하고 돌아가 노자에게 "공자는 아직 멀었던데, 왜 그리 유명하지?" 라며 의문을 표현한다. 이에 노자는 함께 공자를 가르치러 가자고 제안한다. 그러자 숙산무지는 "안 될 걸! 하늘이 내린 형벌인데 어떻게 풀어줄 수 있겠어." 라고 잘라 말한다.

공자는 유가의 성인이다. 유가에서 삶이란 된다와 안 된다 사이에서 투쟁하는 것이다. 유가는 죽음으로부터 사람들을 구해 내어 적극적으로 삶을 영위하도록 인도한다. 도가는 삶과 죽음의 경계를 허물고 된다, 안 된다의 가치판단에서 발을 뺀다. 도가의 인생은 분투의 인생이 아니다. 그러나 유가는 분투하는 삶을 가치 있게 여긴다. 그래서 공자는 이 나라 저 나라를 돌아다니며 인간들을 교화하려 애썼던 것이다. 도가에서는 공자의 그러한 삶을 천형이라고 여긴다. 마치 날 때부터 구세의 십자가를 등에 지고 살아가는 사람인 듯 바라본다. 이 세상을 구하려는 것은 유가의 형벌이다. 하늘이 유가에게 내린 형벌과도 같은 것이다. 그것은 하늘이 공자에게 내린 질곡이다. 말린다고 될 일이 아니다. 구세는 공자의 운명이다. 유가의 사명이다.

외왕이 천형이다

유가는 내성외왕(內聖外王)이 목표다. 즉 자신의 인격을 완성하고 그 완성된 인격을 바탕으로 사회에 나가 정의를 실현함을 목표로 하는 학문이다. 따라서 "하늘이 내린 형벌이니 풀어줄 수가 없다."라는 말은 전통적으로 우리나라 지식인들에게 해당되는 말이다. 수신·제가·치국·평천하라고, 옛부터 선비들은 천하를 구제함을 자신의 궁극적 사명으로 여기며 살아 왔다. 사회에 대한, 인간에 대한 막중한 책임감을 짊어지고 공부하였던 것이다. 이러한 정신이 우리 민족이 멸망하지 않고 지금까지 이 땅에 뿌리박고 살아올 수 있었던 생명력의 원천 가운데 하나였음을 부인할 수 없다. 그러나 지식인이라고 하여서 불만이나 비판만 일삼아서는 안 될 것이다. 현대 정치사회는 지식인들의 역량을 소화해 내려는 의지가 부족하다. 길거리에서 목숨을 걸고 투쟁하던 지식인들이 지금 국회에 들어가 어디까지 자신의 뜻을 펼치고 있는가 보라.

숙산무지는 공자에게 의지하러 갔건만 돌아온 것은 지체 장애자를 바라보는 동정어린 눈빛이었고, 하는 수 없이 노자에게 갔던 것이다. 그리고 함께한 인간을 구하러 가자는 노자의 말에 그럴 필요 없다고, 그대로 살게 두라고 말한 것이다. 아무리 봐도 장자는 대단한 사람이다. 우리가 생각도 할 수 없는 상황을 툭 던져 주고는 이리저리 돌다가 다시 제자리로 돌아온다. 사실 장자는 공자를 대단히 높이 사고 있다. 공자는 이 세상을 구하는 것을 자신의 사명으로 삼고 태어난 사람이다. 형벌이라고 할 것도 없다. 없는 수갑을 어떻게 풀 수 있단 말인가? 설사 형벌이라 하더라도 풀어 줄 필요가 없다. 하늘이 내린 것을 누가 풀 수 있단 말인가? 자식 사랑은 풀 수 없는 것이다. 마음에서 떠나 보낼 수 없다. 그러니 풀 필요가 없는 것이다. 제자에 대한 스승의 관심 또한 하늘이 내린 형벌로, 풀 수 없는 것이다. 누군가의 부모가 되는 순간 바로 자식이라는 십자가를 등에 짊어지게 된다. 부모가 되겠다는 한마디 말도 하지 않았는데. 그러니 형벌이 아니고 무엇이겠는가? 질곡이, 십자가가 아니고 그 무엇이겠는가? 그러나 내가 원한 일이다. 내 뱃속으로 낳은 자식이다. 십자가가 조금도 무겁지 않다. 형벌 같지만 사실은 형벌이 아니다. 그러니 풀 필요가 없는 것이다. 이 우화는 인간에 대한 동정심을 표현하고, 인생의 고난을 얘기하고, 나아가 세상 구제에 힘쓰는 사람들에게 무한한 존경과 찬사를 보낸다.

덕을 겉으로 자랑하지 않아야 순수함을 보존할 수 있다

다음으로 애태타(哀駘它)의 이야기가 등장한다. 애태타는 위나라 사람이다. 타란 낙타 등을 뜻한다. 애태타는 등이 굽은 추악한 인물이다. 그러나 남자들이 그와 함께 있으면 그의 곁을 떠나려 하지 않고, 여자들은 그에게 시집가고 싶어 안달이다. 어떤 여자는 다른 사람의 부인이 되느니 차라리 애태타의 첩이라도 되겠다고 부모를 조른다. 이런 여자가 열 명이 넘는다고 한다. 그러나 신기한 것은 그 남자 입에서 별반 신통한 말도 나오지 않는다는 사실이다. 그저 고개만 끄덕일 뿐이다. 상대방이 어떻게 대하든 따를 뿐이다. 한 번도 자신의 의견을 내세우는 일이 없다.

노나라 왕 애공이 이런 소문을 듣고는 호기심을 참지 못하고 찾아갔다. 어라, 명불허전이라고, 과연 듣던 대로 추악하게 생겼다. 그 추악함에 놀라지 않을 사람이 없을 것이다. 그런데도 왜 남녀노소를 불문하게 그의 곁에 모여 떠나려 하지 않을까? 왕은 참으로 괴이한 일이라고 여겼다. 그와 함께하기를 일 년, 왕은 갑자기 그를 재상으로 삼고 싶어져서는 물었다. 그러나 그는 가타부타 대답이 없었다. 왕은 너무 낮은 자리를 주어서 그런가 하고 부끄러운 마음에 "그렇다면 차라리 당신이 왕이 되어 이 나라를 다스리는 것이 어떻겠습니까?" 라고 제안했더니 한마디 말도 없이 떠나 버리는 것이 아닌가. 도대체 어떤 사람이길래 저리도 사람들을 끌어당기는 힘이 있을까? 애공은 공자를 만나 자초지종을 얘기하고는 "도대체 어떤 사람입니까?"라고 물었다. 그러자 공자는 "재질이 온전하면서도 덕이 겉으로 드러나지 않는 사람입니다."라고 말해 주었다.

재질이 온전하다는 말이 도대체 무슨 뜻인가? 우리 같은 보통 사람들은 재질이 온전하지 못한 사람이다. 왜냐하면 우리는 동심을 잃고, 순수함을 잃고, 낭만을 잃고, 상상력을 잃고 살아가기 때문이다. 왜 아이들만 소꿉놀이하고 어른들은 하지 않는 것일까? 소꿉놀이하는 기분으로 투표하러 간다면 우리 정치 현실도 낙관적이지 않을까? 낭만적인 분위기를 잃은 데서, 순수한 마음을 잃은 데서 모든 문제가 생기는 건 아닐까? 그래서 어딜 가나 전쟁터고 누구나 화살에 맞아 신음하는 것은 아닐까?

곤궁과 영달, 득의와 실의의 관건은 남들 눈에 있다. 누군가의 눈에 띄어 발탁되면 영달을 얻어 득의양양하게 살아가지만 그렇지 못하면 곤궁한 가운데 실의의 나날을 보낼 수도 있다. 귀인을 만나면 가난이 한순간 사라지게 될 수도 있다. 비방도 칭찬도 불변하는 것이 아니다. 유명해지면 질수록 소문도 따라 무성해지기 마련이다. 그래서 장자가 이름을 형벌이라고 한 것이다. 그래서 유명한 사람은 벌을 받는 죄인이라고 한 것이다.

마음은 영부(靈府)다. 현명함과 어리석음, 삶과 죽음, 곤궁함과 영달, 비방과 예찬의 경계가 자신의 영부를 어지럽히지 못하게 하여야 한다. 우리는 매일 호경기냐 불경기냐, 주가가 올랐나 내렸나를 살피며 산다. 주식시세는 나라 경제와 직결된다. 내가 비록 주식시장에 뛰어들지 않았다 하더라도 여전히 내 문제로 남는다. 다만 자신의 마음을 어지럽히지 않도록 하여야 한다. 간섭받지 않아야 마음이 텅 빈 허(虛)의 상태를 유지할 수 있다.

생명의 계절은 언제나 봄이다

일상사가 심적인 부담으로 다가와서는 안 된다. 마음을 비워야 화합이 가능하다. 개인적 번뇌를 벗어던지고 인간관계에서 빚어지는 충돌에서 자유로워져야 한다. 일단 잊어버리기만 하면 우리 마음은 원래의 텅 빈 상태로 되돌아갈 수 있다.

아무것도 없는 듯 보이지만 사실 모든 것이 허로부터 나온다. 따라서 우리는 허령(虛靈)이라고 부르기도 한다. 심령이라는 말을 사용하기도 한다. 마음이 영험하다는 말이다. 마음이 영험한 까닭은 마음이 텅 빈 것이기 때문이다. 마음이 비어야 화해가 가능하다.

매일 터지는 문제들 속에서도 마음의 평정을 유지하고 즐거운 마음으로 대하며 다른 사람들과 스스럼없이 잘 지낼 수 있는 까닭은 순수한 마음, 아이들과 같은 천진난만함을 유지할 수 있기 때문이다.

견디기 힘든 세상살이 속에서도 소꿉놀이하는 어린이들 마음으로 즐겁게, 계산함이 없이 사람들을 대하는 것이 공자가 말하는 온전함이다. 물론 어렵고 힘든 것이 세상사다. 그렇다고 해서 마음에까지 끌고 들어와 짐으로 만들어서는 안 된다.

늙는다는 것은 마음이 늙는 것이다. 그래서 장자는 "마음이 죽는 것보다 더한 서글픔은 없다."라고 하였다. 마음을 비우면 평정해질 것이고 마음이 평안하면 늘 웃음이 떠나지 않게 된다. 그러면 모두가 너를 좋아할 것이다. 네 곁에 있으면 기쁨이 전해지고 삶이 즐거워질 테니까. 눈에서, 얼굴에서 고난을 드러내지 말라. 어떻게든 고난의 표정을 지워야 한다. 그렇게 하지 않으면 스스로 괴로울 뿐만 아니라 낭만도, 기쁨도, 순수함도 사라져 결국 가족도 친구도 함께 괴로운 삶을 살게 될 것이다. 고통 속에서 일생을 살 수는 없는 것 아닌가? 이왕 사는 것 즐겁게 살아야 한다.

공자는 "즐거움으로 슬픔을 잊는다."라고 하였다. 슬픔 없는 인생이 어디 있겠는가? 그러나 슬픔 가운데에서도 즐거움을 적극적으로 표현해 내어야만 한다. 책임 없는 사람이 어디 있으며 힘들지 않은 사람이 어디 있겠는가? 그렇다고 하여 다른 사람들에게 죄책감을 느끼게 해서야 되겠는가? 고뇌에 가득 찬 표정으로 살아간다면 그것은 형벌을 언도하는 행위의 일종이다. 스스로도 견디기 힘들 뿐만 아니라 남에게도 해를 끼치는 행위다.

어떻게 해야 할까? 어떻게 해야 나도 즐겁고 남도 웃을 수 있을까? 공자는 "더불어 봄을 즐기라."라고 한다. 여기에서 공자는 물론 『논어』에 나오는 성인 공자가 아니라 장자의 우화 속에서의 공자다. 언제나 봄날처럼 살라. 생명의 계절에 겨울이란 없다. 봄은 생명력으로 충만하고, 즐거움과 활력이 넘친다. 어떻게 사물과 더불어 봄날을 만끽할 수 있겠는가? "누군가와 만날 때 늘 마음에서 봄날이 솟아나게 하라."라고 하였다. 마음은 햇볕이다. 모든 것이 얼어붙은 계절에도 이 마음이 있기에 세상은 따뜻할 수 있다. 왜 생명을 얼어 붙게 하려 하는가? 왜 마음에 눈서리를 내리려 하는가? 우리가 추구해야 할 것은 온전함이다. 이것이 수양이고 인간의 의무다.

이 세상에서 한 인간으로 살아간다는 것은 결코 쉽지 않다. 얼마나 많은 문제들이 우리의 해결을 기다리고 있는가? 얼마나 많은 어려움들이 나를 힘들게 하는가? 그러나 희망을 가져야 한다. 그리고 노력해야 한다. 마음이 고난 때문에 흔들리지 않도록 하여야만 한다. 마음을 비우고, 마음의 평정을 되찾고 모든 사람들과 더불어 봄날을 즐겨야 한다. 언제나 생기발랄하고 즐겁게 살아야 한다. 어려울 때일수록 유머를 잃지 말아야 한다. 공부도 힘들고 사업도 힘겹다. 몸이 이리도 고달픈데 마음까지 고달파서야 되겠는가? 서로 격려하며 더불어 즐겨야 한다. 아버지는 자식에게 "우리 즐겁게 지내자. 시험은 곧 끝날 거야."라고 말해 주자. 불경기도 헤쳐 나가리라는 믿음을 가지고 살자. 남들이 나를 알아주지 않은들 어쩌랴. 문제없는 사람이 있겠는가?

즐겁게 살자. 스스로에게 자신의 한 표라도 자신 있게 던지자. 믿음을 가지고 살자. 좋은 날이 곧 올 것이다. 자신을 뽐내지 말라, 덕을 드러내지 말라 하였다. 고요한 호수같이 마음의 평정을 이루라 한다. 그러면 그 어떤 것도 마음을 흔들 수 없다. 그러면 모두가 정겹게 느껴질 것이다. 화창한 봄날이 이어질 것이다.

6. — 대종사 : 진인의 수행

탁 트인 정신세계에서 생명을 펼쳐라

'대종사'란 대도를 스승으로 삼으라는 뜻이고, 또한 천도(天道)를 체현하라는 뜻이다. 장자는 이 편에서 진인을 말한다. 어떻게 진인이 될 수 있는가를 설명한다. 진인의 인격은 큼[大]에 있다. 큼은 어디서 나오는가? 천도를 스승으로 삼아 자신의 인격을 성취함에서 온다. 이러한 진인 인격이 바로 대종사이다.

『장자』 제1편은 「소요유」다. 소요유에서는 각 주체 개개인의 자유와 승화에 대하여 말하였다. 즉 자신의 유한성을 떨쳐 버리고, 탁 트인 정신세계에서 생명을 펼치라고 외친다. 자신의 생명이 작다면 의기소침해지고 속 좁은 놈이 되어서 세계도 작아지고 매일 남들과 다투게 되어 가서 쉴 곳 하나 없게 된다. 좁은 속을 탁 터라. 그러면 세상이 넓어지고 어디든 자유롭게 갈 수 있게 될 것이다. 긴장을 풀라. 이웃과 비교하지 말고 다투지 말라. 누구는 친구가 될 것이다. 세상이 커지고 아름다워질 것이다. 학교 가는 것도 즐겁고 일하는 것도 유쾌해질 것이다. 모두가 놀이다. 이것이 소요유다. 주방이 넓어 보이고 사무실이 넓어 보일 날이 올 것이다.

서울의 교통 상황이 언제 바뀌겠는가? 차라리 자신을 바꿔라. 도로는 여전히 복잡하고 어지럽다. 마음까지 끌려가지는 말라. 운전대를 잡고 차를 몰면서 분통을 터뜨리며 욕한다. 앞에 늦게 가는 놈을 욕하고, 끼어 드는 놈을 욕한다. 서울시를 욕하고 한국놈들 욕한다. 너무 심하게 화내지 말라. 그러면 조금은 가슴이 트일 것이다.

나날이 번성하는 서울이건만 도로 사정은 나아지지 않는다. 그러나 열심히 노력하고 있겠지, 점점 나아지겠거니 여기자. 그러면 그 좁은 도로가 넓어 보일 것이다. 외모, 권세, 명예, 돈으로 서로를 비교하지 말자. 다 부질 없는 것들이다. 인격 수양의 경지로 비교하자. 그러면 작았던 자신이 커지는 것을 볼 수 있을 것이다. 그리고는 질적인 도약을 이루자. 생명은 변하라고 있는 것이다. 저 높은 곳까지 올라가야만 한다.

훌륭한 독자는 소요하는 독자다. 성공한 사업가는 소요하는 사업가다. 화목한 가정에는 소요하는 부부가 있고 소요하는 부자가 있다. 서울이 변하기를 바라지 말고 내 스스로 변화하자. 이것이 장자의 첫 번째 비결이다.

나 하나만이 아니라 사천만 전 국민이, 아니 칠천만 한겨레 모두가 자유로워져야 한다. 대구도 광주도 서울처럼 대접받아야 한다. 이것이 두 번째 비결인 제물론이다. 소요유가 인간이 저 높은 곳을 추구하는 경지라면 제물론은 저 높은 곳에서 세상을 바라보는 경지다. 평등 세상을 이루는 것이다. 내 입장에서 너를 보고, 네 입장에서 나를 보면 서로 상대방을 바로 보지 못한다. 한 차원 올라서서 세상을 바라보라. 그러면 중생이 평등하고 종교가 평등하다. 이것이 제물론이다. '물론'은 철학 이론이요 종교 체계다. 인간의 존엄성을 대표한다.

우리가 왜 철학을 공부하고 왜 종교를 믿는가? 삶의 질을 높이기 위해서다. 우리는 늘 누군가를 사랑하며 살아간다. 그러나 늘 괴롭다. 마음이 천 갈래 만 갈래 찢어진다. 사랑하는 아들 때문에 괴롭다. 사랑하는 아들의 아내가 밉다. 사랑하는 남편 때문에 괴롭다. 사랑하는 남편의 어머니가 미워 죽겠다. 그래서 철학적 소양이 필요하고 참된 신앙이 필요하다. 사랑이 부담으로 다가와서는 안 된다. 좋은 느낌으로 다가와야만 사랑의 즐거움이 넘치게 된다.

따라서 우리는 한 차원 올라서야 한다. 아직 끝장난 인생이 아니다. 저 위에서 내려다 보아야 한다. 형제가 늘 다툰다. 둘 모두 부모 입장에서 자신의 모습을 바라볼 수는 없을까? 부모님이 살아 계실 때 우리를 어떻게 대하셨던가? 둘 모두 눈에 넣어도 안 아픈 자식들 아니었던가? 부모 입장에서 보면 형제는 완전히 평등하다. 우리가 천상의 심령을 가질 수만 있다면. 하늘의 눈으로 이 세상을 바라보면 만물이 평등함을 느끼게 될 것이다.

남자라는 이름을 버리고, 여자라는 이름에서 벗어나 인간으로 바라보라. 무엇이 다른가? 인간이라는 이름을 버리고, 초목이라는 이름에서 벗어나 생명으로 바라보라. 무엇이 다른가? 구원으로 바라보라. 종교가 왜 서로 다투어야 하는가? 자신만 해탈하고 그쳐서는 안 된다. 반드시 고통 받는 사람들에게 다가가야만 한다. 그렇다고 자신의 길만이 진리라고 해서도 안 된다. 다른 길로 오는 사람들도 인정해 주어야만 한다.

하늘과 인간이 하나가 된다

「대종사」는 장자의 세 번째 비결이다. 저 위를 향하는 소요유와 위에서 아래를 바라보는 제물론이 원을 이루는 순간, 하늘과 인간이 하나가 되는 순간이다. 대종사란 바로 이 동그란 원을 그리는 것이다. 우리는 저 높은 곳을 향하여 수양하여야 한다. 그러나 저 높은 곳에 올라 멈춰서는 안 된다. 세상에는 자칭 도사들이 많다. 너도나도 한 가지 재주를 뽐내며 천기를 깨달았다 한다. 그러나 천기를 누설해서는 안 된다며 홀로 즐긴단다. 그래서 어쩌란 말인가? 가부좌를 틀고 앉은 채로 방바닥에서 솟아올라 얼마간 머물 수 있단다. 그러고는 우리와 차원이 다르다고 자랑한다. 그래서 어쩌란 말인가? 얼마간이 얼마나 긴가? 몇 초 후면 결국 바닥에 내려앉고 말 것을. 그렇다. 한 단계 한 단계 올라가는 걸음은 동시에 인간을 위하여, 고난 받는 인간을 위하여 내려오는 걸음걸이다. 마치 둥근 원을 그리듯.

양생주에서는 마음을 기르라고 하였다. 그것도 이 세상에서. 이 인간 세상에서 수양하기란 참 힘겹다. 심산 고찰이라면 차라리 쉬울 텐데. 면벽 십 년이 차라리 쉽지, 서울 한복판에서 수양이라니. 이것이 인생이고 이것이 시험이다. 안으로 덕을 기르는 것이 수양이다. 자신의 광채로 남을 깔아뭉개지 말아야 한단다. 이것이 덕충부다.

훌륭한 인격을 갖추었다고 우월감을 가져서는 안 될 것이다. 그러면 남들이 스트레스를 받는다. 도가에서는 부덕을 말한다. 참된 인격을 갖춘 사람은 자신이 인격자임을 느끼지 못한다. 왜냐하면 덕이라는 이름을 사전에서 지워 버렸기 때문이다. 옛날 은자들은 성도 이름도 숨기며 살았다. 왜 그랬을까? 이름은 드러나는 것이기 때문이다. 유가에서는 훌륭한 사람이 되라 한다. 그러나 도가에서는 훌륭함을 숨기라 한다. 마치 한 자루 검처럼. 칼집에서 검을 뽑아 들면 광채가 난다. 검기가 사방으로 퍼져 나간다. 도가에서는 검을 칼집에 거둔다. 칼집 속의 칼이 바로 은자다. 진검이다. 진검을 함부로 드러내어서는 안 된다.

돈 자랑하지 말라. 얼마나 많은 사람들이 아파하겠는가? 얼마나 많은 사람들이 호시탐탐 노리겠는가? 자신의 재주를 뽐내지 말라.

친구가 많아질 것이다. 장자는 「덕충부」에서 지체 장애자들이, 이름 없는 인물들이 가장 매력적이라고 말한다. 모두 그들 곁으로 가고 싶어 한다. 왜냐하면 세상사라는 것이 늘 비교 속에서 살아야 하지만 그네들 집에서는 비교함이 없기 때문이다. 그네들 집 마당은 마치 끝없이 펼쳐진 평원과 같다. 그 집에 가면 그렇게 편할 수가 없다. 직장에서 밀리고 차 탈 때도 밀린다. 그러나 그네들은 뽐내지 않는다. 그네들 집에서는 밀릴 것이 하나도 없다. 오늘은 너무 행복하다. 오늘은 시험도 없고, 등수도 발표하지 않는단다. 학교가 천국과 같다. 어제는 지옥이었다. 내가 꼴찌란다. 등수대로 50대를 맞았다. 아파서 밤새 울었다.

등위를 없애고 비교하지 말아야 한다. 그래야 서로 친해진다. 어떤 모임이 즐거운 모임이고 어떤 주인이 좋은 주인인가? 자기 집에 온 모든 사람들에게 관심을 가지고 대하는 주인이 좋은 주인이고 모임도 즐겁게 될 것이다. 나는 늘 선생님들께 말한다. 수업 시간에 모든 학생들이 선생님의 관심을 느낄 수 있게 해야 한다고. 하나하나 대화를 나누라고 권한다. 왜 공부 잘 하는 학생들과만 말하려 하는가? 왜 돈 많은 집 자제들에게만 눈길을 주는가? 얼마나 많은 학생들이 선생님 때문에 상심하는가?

시장에서도 수양하고 직장에서도 수양하자. 그리고 쌓인 덕을 스스로 드러내려 하지 말자. 드러내면 덕이 독으로 바뀔 수 있다. "우리

회사에서는 내가 제일 열심히 일해." 얼마나 많은 사람들에게 스트레스를 주는가? "야! 1등이다." 49명을 아프게 하는 말이다. 이 세상에서 당신만 주연인가?

큰 공부를 하라

「대종사」에서는 천인 관계를 주로 다룬다. 사마천이 『사기』에서 "천인 관계를 탐구하고 고금의 변화에 통달한다."라고 표현하였듯 천인 관계를 탐구하는 것이 최고의 학문이고, 고금의 변화에 통달하는 것은 가장 오래된 학문이다. 수천 년의 역사를 꿰뚫는 혜안을 지닌다는 것은 대단한 일임에 틀림없다. 일가를 이룬다는 말이 있다. 우리가 알고 있는 사상가나 문학가, 유가, 도가, 불가, 제자백가, 종교 모두 각각 일가를 이룬 이론들로서 각 시대를 대표하며 한 시대를 이끈 이론들이다. 여기에서 한 발 더 나아가 동서고금을 꿰뚫고 하늘에까지 통하는 것을 찾고자 애쓴 인물이 바로 장자다.

천인 관계를 탐구하는 학문이 종교요 철학이며, 고금의 변화에 통달하려 하는 것이 역사학이다. 그리고 문학도 일가를 이룬다. 그래서 동양에서 문학과 사학과 철학을 나누어 보지 않았던 것이다. 장자도 대가고 맹자도 대가고 한비자도 대가다. 보두 일류다. 『노자』, 『논어』, 『장자』, 『맹자』를 읽어 보라. 읽으면 읽을수록 새롭다. 몇천 년을 끊이지 않고 읽혀지는 경전들이다. 왜 몇천 년을 끊이지 않고 읽히고 있는가? 모두가 하늘을 얘기하고 있기 때문이다. 바로 대종사가 추구하는 길이다.

하늘을 알고 사람을 알아야 지인(至人)이라 할 수 있다

장자는 "하늘이 하는 바를 알고 인간이 하는 바를 알면 최고의 경지에 올랐다 할 수 있다. 하늘이 하는 바를 안다 함은 우주 만물이 스스로 만들어졌음을 깨닫는다는 뜻이다. 인간이 하는 바를 안다는 것은 자신이 아는 것들을 이용하여 알 수 없는 영역의 것을 수양함을 의미한다. 그래서 중도에 요절하지 않고 천수를 누리는 것이 가장 높은 경지의 지식이다."라고 말한다.

사람을 안다는 것은 그럭저럭 이해가 간다. 눈앞에 보이니까. 그러나 하늘을 안다는 것이 무엇을 의미하는지 쉽게 다가오지 않는다. 산수화나 인물화를 그리기는 그리 어렵지 않다. 그러나 신을, 하늘을 어떻게 그리란 말인가? 풍경화 속에 그려진 하늘은 푸른 자연의 하늘이지 장자가 말하는 하늘이 아니다. 인간의 삶도 역동적이고 하늘의 움직임도 역동적이다.

공자는 "네 계절이 순환하고, 만물이 생겨날 뿐이다. 하늘이 무슨 말을 하는가!"라고 탄식하였다. 하늘의 말이 어디에서 표현되는가?

계절이 바뀌고 만물이 성장하는 가운데 표현된다. 계절은 왜 바뀌고 만물은 어떻게 하여 자라는가? 하늘이 활동하고 있음을 보여주는 것이 아닐까? 하늘이 우리를 낳고 이 세계를 움직이는 것 아니겠는가. 그러니 사계절이 순환하고 주야가 교차하고 만물이 약동하고 대지가 회춘하는 것 모두 하늘이 하는 일 아니고 무엇이겠는가. 우리가 비록 보지는 못하지만 알 수는 있다. 인간은 목석이 아니다. 태어남이 있고 생동함이 있음을 알 수 있다. 부모는 자식을 낳고 선생은 제자를 가르친다. 정치가는 백성을 잘 살게 하고, 친구는 우정을 낳는다. 이 모두가 생생한 삶의 역정이다.

인간을 통하여 하늘을 알 수 있다

부모는 자식을 낳고 말을 가르치고 걸음마를 가르친다. 날마다 엄마, 아빠를 가르친다. 그러던 어느 날 드디어 아이의 입에서 엄마, 아빠라는 말이 튀어나온다. 얼마나 기뻤던가. 날아갈 듯 달려와 아이를 꼭 껴안는다.

하늘이 하는 일도 낳는 일이다. 어떤 종교든 모두 이 낳아 주심에 예배를 올린다. 권위에 예배하는 것이 아니다. 향을 사르고 기도하는 것은 우리를 낳아 준 하늘에 감사와 공경을 드리기 위해서다. 누가 하늘이 하는 바를 아는가? 바로 인간이다. 인간이 어떻게 아는가? 하늘로부터 부여받은 심령으로 안다. 하늘은 인간을 만물 가운데 가장 영험하게 만들었다. 바로 그 영험함으로 알 수 있는 것이다.

선생들은 학부모를 볼 기회가 그리 많지 않다. 그러나 학생을 통하여 학부모의 됨됨이를 알 수 있다. 부모는 자식을 통하여 자신의 모습을 선생에게 드러낸다. 마찬가지로 인간을 통하여 하늘을 볼 수 있다. 인간은 만물의 영장이다. 하늘을 알려면 하늘이 만물을 낳는다는 사실을 깨달아야 한다. 이 깨달음은 인간만이 이룰 수 있다.

하늘은 만물을 왜 낳는가? 사랑하기 때문이다. 하늘은 사랑을 대표한다. 부모 마음이라는 것이 자식을 사랑하기에 낳고 기르는 것이다. 따라서 인간을 보면 하늘을 알 수 있다고 하는 것이다. 동시에 하늘의 문제가 인간의 문제로 변하게 된다.

어떻게 인간을 알 수 있는가? 누구를 통하여 알 수 있는가? 진인을 통해 알 수 있다. 유괴범을 통하여 하늘을 알 수 있겠는가? 어린아이를 성폭행한 놈을 통하여 하늘을 볼 수 있겠는가? 어쩌다 우리나라가 이 지경에까지 이르렀는가?

하늘 아래 사는 인간은 심령을 가지고 있다. 사랑의 마음이다. 사랑이 충만할 때 하늘과 가장 가까워진다. 사랑의 마음, 책임감, 용서의 마음을 지닌 사람, 남을 존중할 줄 아는 사람이 바로 진인이다. 매일 남을 헐뜯고 해치는 사람은 가짜 인간이다. 진짜 인간을 통하여 하늘을 보아야 하지 가짜를 통하여 하늘을 보려 해서는 안 된다. 참된 마음으로 사람을 대해야 한다. 마음을 터놓고 이야기할 수 있는 친구가 얼마나 되는가 헤아려 보라.

수양을 통하여 인간을 알 수 있다

수양해야 한다. 그래야 사람이, 인간이 무엇인지 알 수 있다. 수양을 하지 않는다면 유가도 도가도 쓸모없다. 유가는 유가의 수양이 있고 도가는 도가의 수양이 있다. 신앙도 수양해야 한다. 정좌가 있고 고행이 있다. 불교에서는 고행하라 하고 면벽하라 한다. 면벽해야 어지러운 세상사를 벗어날 수 있다. 수양을 해야만 종교의 전당에 들어갈 수 있다. 날 때부터 모범생으로 태어난 아이는 없다. 날 때부터 일등으로 태어난 아이도 없다. 부모님이, 선생님이 주신 것을 일러 교양이라 한다. 내가 먼저 수양해야 인격을 길러 줄 수 있다.

인간의 지식은 분별하는 능력이다. 남자와 여자를 구별할 줄 안다. 그러나 이 분별할 줄 아는 능력에서 문제가 시작된다. 아들 낳으면 기뻐 펄쩍 뛴다. 딸을 낳으면 고개를 푹 숙이고 한숨 쉰다. 이것이 지식이다. 크고 작음을 분별하고 남자와 여자를 분별한다. 분별에 뒤따라 차별이 나온다. 남녀 차별이 생기고 인종 차별이 생긴다. 지식은 편견을 낳는다. 편견은 차별을 낳는다. 모든 불평등이 이로부터 생겨난다. 옳고 그름을 분별할 줄 알고 선과 악을 분별할 줄 알고 아름다움과 추함을 분별할 줄 아는 것은 자연스러운 이치 아닌가? 알아야 진선미를 추구할 수 있는 것 아니겠는가?

그러나 그렇게 태어난 걸 어쩌란 말인가? 그런데도 분별하려 드니 너무 불공평하다. 키가 175㎝는 넘어야 아름다움을 논할 수 있단다. 나는 어쩌라고. 160㎝밖에 안 되는 나는 어쩌라고. 어머니 아버지께 항의할까? 이것이 내 운명이다. 어떻게 기준에 맞출 수 있단 말인가? 제발 키로 가늠하지 말라. 사람 대접 못 받을라. 선천적인 생김새를 버리고 사람을 보라. 아버지의 직업을 버리고 아이를 보라. 점쟁이가 선천적인 관상을 보는 것도 불공평하다. 후천적인 상을 보아야 할 것이다. 수양한 정도로 점쳐야 한다. 내가 정해 태어난 사주가 아니다. 왜 내게 평생의 짐이 되어야 하는가? 사주팔자를 보지 말라. 수양을 보고 덕행을 보라. 쌓아온 공덕을 보라는 말이다. 공덕은 운명을 바꿀 수 있다. 교육을 받는 것도 공덕이요, 착실하게 사는 것도 공덕이다. 열심히 공부하는 것도 공덕이요, 수행도 공덕이다. 공덕이 중요하다. 사주팔자로 한 사람의 일생을 정하지 말라. 산부인과 의사 손에 일생이 결정된다. 수행해야 한다. 열심히 노력해야 한다. 사주팔자에 자신을 맡기지 말라.

후천적인 수양 정도로 보아야 공평하다. 인간의 지식은 일종의 집착이다. 전라도에서 태어났다고 경상도 사람들을 미워한다. 단지 경상도에서 태어났다는 이유만으로 전라도 사람들을 욕한다. 학연을 따지고 지연을 따진다. 피부색으로 사람을 분별한다. 계급으로 사람을 나눈다. 모두 분별지가 만들어낸 작품이다. 갈기갈기 찢는다. 하늘은 하나뿐인데 사람 사는 세상은 왜 그리 갈라져 싸우는가?

분별지를 없애는 것이 바로 수양이다

열 손가락 깨물어 안 아픈 것 없다. 저 높은 곳에서 바라보면 모두가 똑같은 인간이다. 어떻게 하늘을 알 수 있는가? 마음으로 바라보라. 한편에는 분별하고 이해를 따지려는 마음이 도사리고 있다. 이런 마음은 사람들을 갈라놓는다. 부부를 가르고 부자를 가르고 모녀를 가른다. 이 점을 알아야 한다. 그래야 참다운 가정을 이룰 수 있다. 그래야 통일을 이룰 수 있다.

이 세상에 있는 것이 분별심이다. 천상에는 분별심이 없다. 분별 없는 곳이 바로 천국이다. 이 세상의 분별을 없애고 분별 없는 세상으로 우리를 인도하는 것이 바로 종교다. 이것이 자비다. 종교는 모두를 구원해야 한다. 그러기 위해서는 분별을 없애야만 한다. 우리가 이 세상에서 고통받는 것은 분별 때문이다. 분별 때문에 불쌍한 인생이 생기고 쓸모없는 사람이 된다. 종교는 모든 사람을 쓸모 있는 사람으로 만들어야 한다. 장자가 '쓸모없는 쓰임새가 큰 쓰임새다.' 라고 하였듯. 무용(無用)에서 인간은 하늘과 하나가 된다. 마음속에 담긴 모든 분별을 끌어내어 던져 버리자. 그러면 바로 하늘과 하나됨을 깨닫게 될 것이다.

차안에서 피안으로 가는 것이 마음의 여정이다. 차별 세계를 뛰어넘어 차별 없는 세상으로 가야 한다. 분별심이 사라지면 사람에게서 하늘을 볼 수 있다. 종교적 신앙과 철학적 소양은 인간의 몸에서 하늘로 향해 가는 여정이다. 하늘이 우리에게 주는 것은 단지 궁극적인 지표와 이상일 뿐이다. 걸어야 하는 것은 인간이다. 인간이 이루어야 한다. 불로장생이 차별 없는 세상보다 더 가치 있는 것인가? 살기 어려운 세상이라면 불로장생이 무슨 소용인가. 살 만한 세상에 살고 싶은가? 좋은 세상에서 오래도록 살고 싶은가? 그렇다면 분별심을 버려라.

분별심 없는 진인이 하늘을 알 수 있다

"지식은 수양을 통하여 사리에 맞게 된다."라고 장자는 말한다. 우리는 평생 수양해야 한다. 하루도 거르지 말고 수양해야 한다. 한 시간의 수양은 한 시간의 행복을 가져다 준다. 늘 수양하는 사람은 늘 진인이다. 늘 진인이어야 늘 하늘과 하나가 된다. 수양은 참으로 어렵다. 마음에 조금의 나쁜 생각도 남겨서는 안 된다. 밥 먹는 순간에도 잊어서는 안 된다. 넘어지고 자빠지는 순간에도 수양해야 한다.

수양하지 않으면 잘못된 욕망이 솟아날 것이다. 분별심을 버려야 한다. 분별심은 사람을 얕보게 만든다. 수양을 해야만 평등하게 사람을 대할 수 있다.

수양은 끝이 없다. 수양을 끝냈다고 말하지 말라. 학교는 언젠가는 졸업한다. 시험도 언젠가는 끝난다. 그러나 인간으로 평생을 살아야 한다. 수양은 일생 동안 계속해야 한다. 늘 수양하여 마음을 닦는다면 진인이 될 수 있다. 그렇게 되면 사람이 곧 하늘이고 하늘이 바로 사람이다. 공자는 왜 하늘인가? 진인의 경지에 올랐기 때문이다. 부처도 예수도 모두 진인의 경지에 올랐다. 그래서 인간이면서 동시에 하늘인 것이다. 분별심을 없앤 참사람들이다. 차별 없는 세계를 만든 하늘이다.

종교가 죽음을 설명한다

"하늘이 사람 아니던가? 사람이 하늘 아니던가? 진인이 있어야만 참된 지혜가 있게 된다."라고 장자는 말한다. 함부로 천기를 안다 하지 말라. 아무나 하늘을 말할 수 있는 것이 아니다. 도가에서 진인이라고 부르는 인물, 신선이라고 부르는 인물은 모두 분별심을 없애고 잡념을 털어 낸 사람들이다. 부귀도 명예도 권세도 없다. 그들의 눈에서는 이 세상 모든 사람들이 똑같다. 이것이 진인의 경지다.

진인에게는 참된 지혜가 따른다. 진인의 마음이 곧 하늘의 마음이기 때문이다. 진인이 하려고 하는 일이 바로 하늘이 하려고 하는 일이다. 불교에서 보살도라고 한다. 보살이 부처의 마음으로 중생을 구제함을 이르는 말이다.

어떻게 우리 같은 보통 사람들이 진인의 경지에 오를 수 있을까?

장자는 집착을 버리고, 마음의 매듭을 풀고, 삶과 죽음의 경계를 허물라 한다.

성공과 실패, 이해득실, 길흉화복이 교차하는 이 세상에서 분별하는 마음은 영웅이 되고 싶어한다. 약자로 보일까 봐, 남들에게 질까 봐 두려움에 떨며 살아간다. 집착 때문이다. 최고가 되려는 집착 때문이다. 무엇이 최고인가? 돈을 제일 많이 벌어서 재계를 평정하고 싶다. 보스가 되어서 암흑가를 평정하고 싶다. 최다 득표로 당선되고 싶다. 이런 생각으로는 진인이 될 수 없다. 성공과 실패, 이해득실, 길흉화복의 분별을 없애야 한다. 일류가 무엇이고 일등이 무엇인가? 반드시 남을 딛고 일어서야만 한다. 누구에게도 져서는 안 된다. 이런 마음을 버려야 한다. 어떤 사람은 전화 몇 통화에 선생 월급의 몇 배를 번다. 비교하기 시작하면 학생들을 잘 가르칠 수 없다.

다음으로 정서 불안이 문제다. 왜 밤마다 잠을 이루지 못하는가? 왜 종일토록 불안한가? 마음에 매듭이 있기 때문이다. 분별 때문에 마음이 짓눌린다. 억울한 생각에 서럽기도 하고 온몸에 힘이 쭉 빠진다. 왜 나는 이 모양 이 꼴인가? 우울하다. 불안하다. 고통스럽다. 가장 참기 힘든 고통은 마음의 병이다. 무엇이 두려운가? 실패할까 두렵다. 남에게 졌다는 생각에 참을 수 없다. 그러나 이 모두 당신 스스로 자초한 일이다. 집착이 매듭이 된다. 이리저리 꼬여서 스스로를 괴롭힌다. 잃는 것도 두렵지만 얻은 것은 더욱 두렵다. 일등이 제일 두려운 법이다. 언제 밀릴지 모르기 때문이다. 꼴찌가 제일 편하다. 잃을 것 하나 없기 때문이다. 근심 걱정에 편할 날 없으니 언제 진인이 될 수 있겠는가? 진인은 소요하는 사람이다. 마음의 매듭을 풀자. 그래야 밤에 편히 잘 수 있고 낮에도 걱정 근심 없이 지낼 수 있다. 삶이 늘 자유롭게 될 것이다.

장자는 "속인들은 목구멍으로 숨쉬지만 진인은 발꿈치로 호흡한다."고 하였다. 수련하는 사람들은 신발을 잘 신지 않는다. 맨발로 천하를 돌아다닌다. 그래야만 대지의 기운을 끌어들일 수 있기 때문이다. 대지는 생명의 뿌리다. 진인은 이 생명의 뿌리에 발을 딛고 살아간다. 도술을 부리고 허공에 떠다니는 것이 아니다. 이 땅에서 아무 걱정 근심 없이 자유자재로 살아가는 것이 진인의 삶이다.

어떻게 가능한가? 집착을 없애야 한다. 어떻게 집착을 없애란 말인가? 내려놓아라. 모두 벗어던져라. 분별을 없애면 번뇌가 사라질 것이다. 걱정 근심이 점차 사라져 마침내 진인의 경지에 오르게 될 것이다. 나는 초등학교부터 중·고등학교까지 안 가르쳐 본 학년이 없다. 그러면서 늘 부당한 대우를 받는다고 느꼈었다. 그러나 이제는 정당하다, 부당하다는 분별의 짐을 벗어던졌다. 집착을 버리면 선생 노릇이 힘들게 느껴지지 않게 된다. 가르치는 일 외에 잡일은 또 왜 그리 많은지. 게다가 보충 수업이다 자율 학습이다 하여 매달리다, 아이들을 집에 다 보내고 나면 한밤중이다. 방학이면 더 바쁘다. 학생이 전화한다. "선생님 찾아 뵈도 되겠습니까?" 안 된다고 할 수 있겠는가? "선생님, 드릴 말씀이 있습니다." 틀림없이 힘든 일이 있어서 나를 찾는 것일 텐데, 마음을 터놓고 얘기할 사람을 찾을 텐데 어찌 거절할 수 있단 말인가. 기꺼이 응하라. 자녀를 대하듯 늘 마음을 열자.

다음으로 생사의 미혹을 깨뜨려야 한다. 가장 벗어던지기 힘든 짐은 역시 삶과 죽음의 경계다. 살면 모든 것이 있는 듯하고 죽으면 모든 것이 사라진다. 이해득실에는 정도의 차이가 있을 뿐이고, 흥망성쇠도 교차하지만, 죽음은 결코 되돌릴 수 없는 것이다. 그래서 내려놓기 어렵다. 가장 큰 이익은 삶이고 가장 큰 손실은 죽음이다. 세상사 끝에 죽음이 도사리고 있다. 죽으면 이 모든 것이 끝이기 때문이다. 그래서 두렵다. 그래서 종교가 필요하다. 천국을, 천당을 만들어 주어야 한다. 그래야 죽은 후 갈 곳이 있지 않겠는가.

도가는 삶과 죽음의 분별을 미혹이라 한다. 유가는 삶의 문제로 죽음에 답한다. 죽음이 있기 때문에 우리는 두려워한다. 그러나 유가는 생이 끊이지 않는다고 말한다. 힘이 사라지면 죽음이다. 힘이 사라지면 우리는 퇴직하게 된다. 퇴직은 사회에서의 죽음을 뜻한다. 사회가 나를 쓸모없다고 여긴다. 위기다. 늙음이 갑자기 빨리 진행된다. 내가 왜 쓸모없는 존재인가? 찾아 나서야 한다. 퇴직 후에도 사회에 관심을 기울여야 한다. 사회 발전을 위하여 자신의 경험을 써야 한다. 그러면 죽음이란 없다. 이것이 유가의 태도다. 육신은 이 세상에서 사라진다. 그러나 내 아들이 살아가고 내 딸이 살아갈 것이다. 대대손손 생명은 끊이지 않고 이어져 갈 것이다. 무엇이 죽음인가? 이것이 유가의 생사에 대한 태도다.

그러나 노자와 장자는 다른 각도에서 삶과 죽음을 해석한다. 본래 태어남이 없기 때문에 죽음이 없다고 말한다.

삶과 죽음을 간파하면 무슨 걱정 있겠는가?

태어남이 없기 때문에 죽음이 없다니 무슨 말인가? 죽음은 태어남이 데려온 것이다. 삶의 집착에서 죽음이 있게 된다. 증권을 산 사람만이 주가 폭락을 두려워한다. 나는 한 장의 주식도 없다. 시세의 등락은 내 생명 밖의 일이다. 2,000포인트에서 300포인트로 폭락하여도 내 마음은 고요한 물과 같다. 마치 진인처럼. 삶과 죽음도 이와 같은 도리다. 내 일로 여기지 않으면 그만이다.

어떻게 가능한가? 내가 태어났고 내가 살아가고 내가 죽는 것을? 삶의 집착을 버리자. 그러면 죽음이 다가오지 않을 것이다. 주식을 사지 않으면 주식으로부터 자유롭게 된다. 삶에 집착하지 않으면 죽음으로부터 영원히 자유로울 것이다. 성공을 좇지 않으면 실패는 영원히 오지 않을 것이다. 관직에 뜻을 두지 않으면 파직의 두려움이 없을 것이다. 선거에 나가지 않으면 낙선의 고통은 없다. 그래서 도가에서는 삶에 집착하지 말라고 하는 것이다. 삶에 집착하지 않는다면 죽음이 비집고 들어올 틈이 없다. 죽음의 두려움은 죽음 자체에 있는 것이 아니다. 공포는 죽음의 그림자로부터 온다. 늘 '내가 죽겠구나.' 라는 생각으로부터 오는 것이다. 장자는 말한다. 죽음은 고향으로 돌아가는 것이라고. 긴 여행 끝에 집으로 돌아오면 얼마나 좋은가?

장자의 처가 죽었을 때 장자의 친구 혜시가 문상하러 왔다가 장자가 슬피 울지 않고 오히려 동이를 두드리며 노래 부르는 모습을 보고는 나무란다. "자식까지 낳아 준 아내가 아닌가. 울음이 안 나오면 어쩔 수 없다 하더라도 노래까지 부르는 것은 너무 심한 짓 아닌가." 장자가 답한다. "내 아내는 대자연이라는 고향으로 돌아간 것일세. 고향 집에서 편히 잠들어 있는 것일세." 인생이란 여행이다. 힘든 여행을 마치고 집에서 쉬고 있는데 무엇 때문에 울란 말인가?

이 무슨 해괴한 말인가? 사람이 죽음을 두려워하는 것은 어린아이가 길을 잃고 집을 찾아 헤매는 것과 같다고 말한다. 이렇게 삶과 죽음을 간파하면 진인이 되는 것이다. 하늘에는 태어남도 죽음도 없다. 인간에게만 있는 것이다. 이 삶과 죽음의 경계만 허문다면 이 세상에서 두려울 것은 아무 것도 없게 될 것이다. 짜증나는 일 하나 없이 자유인이 될 것이다.

천도를 구현한 사람이 대종사다

진인은 "형벌을 자신의 몸으로 삼은 사람이다."라고 하였다. 이 키에 이 몸무게로 살아간다. 완전하지 못하다. 배고프고 춥고 졸립다. 자유롭지 못하다. 어찌할꼬? 받아들일 수밖에. 배고프면 먹고 졸리면 잘 수밖에. 육신이 형벌이다. 육신은 자유롭지 못하다. 생로병사를 반드시 겪어야만 한다.

이 자유롭지 못한 몸으로 이 복잡한 세상을 살아가야만 한다. 그래서 "예의로써 자신의 날개로 삼는다."고 한 것이다. 이 사회의 질서를 어기며 살아서는 안 된다. 늘 미소를 머금고 살아야 할 것이다.

다음으로 "지혜롭게 시대에 대처하라."하였다. 시대의 흐름에 슬기롭게 대응해야 한다.

그리고 "덕으로 행하라."고 하였다. 이 세상은 가치를 실현하는 장소다. 사람답게 사는 것이 무엇인지 깨닫고 행해야 자유롭다. 내 안의 참모습을 꺼내야만 한다. 모두가 꺼내면 모두가 자유로워진다. 살만한 세상이 온다. 이것이 장자가 말하는 진인의 경지다.

천도가 무엇이겠는가? 자유요 평등이다. 자유로운 세상, 차별 없는 세상이 천국이다. 이 세상이 자유롭고 이 세상이 평등하면 이 세상이 천국이다. 모두 진인이 되어야 한다. 너도나도 인격을 수양하여 진인이 되어야 한다. 하늘 아닌 사람은 하나도 없다. 평등 세상이다. 이것이 종교다. 성전이 무엇인가, 저 푸른 하늘에서 왜 천국을 찾아 헤매라 하는가? 반짝이는 별들이 사는 세상이다.

7. — 응제왕 : 무면의 제왕

누구나 성인이 될 수 있다

「응제왕」은 장자 내편의 마지막 문장으로서 장자의 정치사상이 담겨 있는 제왕학이라고 알려져 있다. 도가의 정치사상은 '무위의 다스림'이요 '아무것도 하는 일 없어도 이루어지지 않는 일 하나도 없다.'라는 사상이다.

응제왕의 응(應)이란 무심으로 응함을 의미한다. 무심으로 응하는 것이 제왕의 덕이다. 꾀를 써서, 의도를 가지고 사람을 대하지 말라는 말이다. 그래야 천하를 다스릴 수 있게 된다.

천하 사람들과 더불어 살아야 한다. 사람들이 하고 싶은 일을 할 수 있게 해 주어야 좋은 제왕이다. 좋은 선생은 학생들과 함께 하는 선생이다. 좋은 부모는 아이들의 눈높이에 맞춰 더불어 성장해야 한다. 이것이 제왕이 갖추어야 할 덕이다. 누구나 제왕이 될 수 있는 것은 아니다. 누구나 정치인이 되는 것은 아니다. 그러나 어디에서건 사람들과 더불어 살아간다. 함께 있으면 무심으로 대해야 한다. 그렇게 되면 누구나 제왕처럼 될 수 있다. 무명의 제왕인 것이다.

이 제왕은 이 세상에서 가장 자유로운 사람이다. 집착을 버리고 무심으로 대하면 바로 황제가 된다. 그러나 왕관은 없다. 무면의 제왕으로서 황제처럼 자유롭게 살 수 있다. 황제가 가장 자유로운 사람이라고? 일단 제왕을 이 세상에서 가장 자유로운 사람이라고 해 두자. 권력 없는 황제가 무슨 의미가 있냐고? 권력은 본래 없는 것이다. '하늘은 높고 황제는 멀다.' 라고 하였다. 자신을 버리면, 집착을 버리면 자유롭게 된다. 계산도 다툼도 사라진다. 나를 구속하는 것은 아무것도 없다. 왜 황제인가? 누구의 명령도 받지 않기 때문이다. 아무도 구속할 수 없기 때문이다. 나를 구속할 것이 아무것도 없으면 그것이 바로 황제가 아니겠는가? 자유자재로 사는 무면의 제왕이다.

무하유지향에서 살고 싶다

노자는 "성인은 어질지 않다. 백성을 추구로 여긴다."라고 하였다. 추구(芻狗)란 짚으로 만든 개를 일컫는다. 옛날에는 사람이 죽어 상여가 나갈 때 짚으로 개를 만든 다음, 온갖 치장을 하여 상여를 장식하였다. 그러나 장례식이 끝나면 그 자리에서 버려져서 사람들에게 이리 밟히고 저리 차이는 신세가 되고 만다.

아니 성인이 이리 잔인하단 말인가? 달면 삼키고 쓰면 뱉는다는 말인가? 그건 아니다. 성인은 무심으로 백성을 대한다는 말이다. 백성들이 하고 싶은 대로 자유롭게 살도록 둔다는 뜻이다. 그래야 참된 성인이라 할 수 있다. 화려한 날이 있기도 하고 씁쓸한 날이 있기도 한 것이 삶이다. 늘 쓸모 있기만을 바라는 것은 바람직하지 못하다. 성인은 쓰임새로 백성들을 바라보지 않는다. 왜 한결같아야 하는가?

이런 우화가 있다. 천근(天根)이라는 사람이 은양이라는 곳에 놀러 갔다가 요수라는 강가에 이르러 무명(無名)인을 만났다. "천하를 다스리는 방법을 가르쳐 주실 수 있겠는지요?" 라고 천근이 물었다. 그러자 무명인이 "물러가라. 속물 같으니라고. 왜 그리 기분 나쁜 질문을 하는 건가? 나는 지금 조물주와 더불어 노닐고 그러다 지겨워지면 저 가없는 하늘을 나는 제왕인 새를 타고 무한한 공간 저 너머로 날아가 무하유지향에 이른 다음 광활한 들판에서 논다. 그런데 어찌 네가 천하를 다스리는 소소한 일 따위를 물어 나를 귀찮게 하는가?" 하는 것 아니겠는가? 천근은 그래도 재차 물었다. 그러자 무명인은 "네 자신의 마음을 담담하게 노닐게 하고 기운을 막막한 경지에 이르도록 하여 누구든 있는 그대로 바라보라. 절대로 네 사사로운 마음으로 대하지 말라. 그러면 천하가 태평해질 것이다." 라고 대답해 주었다.

무하유지향(無何有之鄕)은 쓰임새로 사람을 판단하지 않는 마을이란 뜻이다. 즉 모두들 입고 싶은 옷을 입고, 하고 싶은 일을 맘껏 할 수 있는 자유를 뜻한다. '네 자신의 마음을 담담하게 노닐게 하고 기운을 막막한 경지에 이르도록 하라' 라는 말에서 담담(淡淡)하다, 막막(漠漠)하다 함은 어느 하나에 집착하지 않음을 뜻한다. 막연히 먼 산을 바라본다고 하기도 한다. 즉 마음속 모든 짐을 내려놓는다는 말이다. 심(心)이라는 말이 나오고 기(氣)라는 말이 나온다. 기란 육신의 활동의 원천이다. 유가에서는 기가 심의 인도를 받아야 한다고 말한다. 맹자가 호연지기를 길러야 한다고 한 말이 이 뜻이다.

마음이 문제인가, 기가 문제인가

마음이란 도덕이다. 도덕적인 가치로 기를 이끌어야 기가 더불어 자라게 된다. 심은 무한하다. 따라서 기도 무한하게 확장될 수 있다. 올바른 마음을 가지면 기가 그 자양분을 얻어 큰 사람이 될 수 있다. 마음이 잘못되었다고 느끼는 순간 기가 쇠약하게 된다.

장자의 마음, 장자의 기는 유가식의 마음도 호연지기도 아니다. 마음이 노닌다 함도 무심을 일컫고 담담하다 함도 무심의 경지를 일컫는다. 기가 막막한 경지에 이른다는 말은 무위(無爲)를 뜻한다. 기는 우리 행위의 원동력이다. 따라서 인생에서 일어나는 갖가지 문제 역시 기에서 나온다고 유가는 여긴다. 극기복례라고, 욕망에 휩싸인 자신을 극복하고 참된 마음을 회복해야 인간다운 삶을 영위할 수 있다고 유가는 외친다.

도가에서는 오히려 반대로 마음에서 문제가 발생하지 기가 문제를 일으키는 것이 아니라고 주장한다. 마음은 집착을 낳고 광신을 낳는다. 이 마음의 집착이 기에 영향을 미치는 것이라고 설명한다. 집착을 없애면 기의 흐름이 조화롭게 된다. 왜 가부좌를 틀고 정좌에 들어가는가? 마음을 안정시키기 위해서다. 모든 집착과 잡념을 없애고 사물을 있는 그대로 받아 들이라 한다. 거울을 보라. 왜 거울인가? 거울은 움직이지 않는다. 고요히 한 자리에 머물며 제게 다가오는 모든 것을 있는 그대로 비춰 준다. 거울에 때가 끼면 때가 낀 그대 얼굴이 보일 것이다. 그러니 매일 거울을 닦을 수밖에. 그대 마음에 집착이 있고, 계산이 있으면 그대에게 다가오는 것들을 의심하게 될 것이다. 집착이 심하면 심할수록 가슴에 응어리는 늘어나고 초조해지고 불안해질 것이다. 결국 기가 역행하게 될 것이다. 마음을 비워야만 기와 조화를 이룰 수 있다. 왜 아침마다 화장대에 앉아 거울만을 닦고 마는가? 마음을 닦아라. 마음속 집착을 없애라. 마음을 비워라. 그러면 제왕이 될 것이다.

장자는 거대한 무형의 새를 타고 아무것도 없는 곳으로 훨훨 날아간다고 하였다. 아무것도 없는 곳이란 무심의 경지를 가리킨다. 마음속에 아무것도 담겨 있지 않기 때문에 거대한 무형의 새가 될 수 있는 것이다. 마음은 텅 비어 받아들이지 못하는 것이 하나도 없다. 우리의 마음이 바로 저 거대한 무형의 새다. 아무것도 없는 곳에서 훨

훨 자유롭게 날아다닐 수 있다. 보증금도 없고 전세도 없는 곳, 주식도 없고 이해득실도 없고 승리도 패배도 없는 곳으로 날아갈 수 있다. 탁 트인 드넓은 광야가 그대를 맞이할 것이다. 이 도시처럼 복잡하지도, 피곤하지도, 스트레스 받지도 않는 곳, 내가 바로 제왕인 곳. 마음을 비워라. 모두가 네 것이다.

두 마음이 하나가 되고 기가 서로 교감하여야 한다

마음으로 서로가 이어지면 서로의 기가 교감하게 될 것이다. 친한 친구란 말없이 쳐다만 보아도 서로의 뜻을 알 수 있는 사이다. 텔레파시가 통한다 하지 않는가. 기가 서로 감응하기 때문이다. 마음이 이어져야 가능하다.

어떻게 하면 마음이 이어질 수 있는가? 마음을 비우면 된다. 마음을 비워야 서로를 알 수 있고, 서로를 알 수 있게 되면 서로 감응할 수 있다. 「인간세」에서 공자가 안회를 나무란 것도 안회가 상대방의 마음에 다가가지 못하고, 따라서 서로 교감하지 못할 것을 염려해서였던 것이다. 수행을 더 해서 마음을 이을 수 있고 기가 교감할 수 있는 경지에 오르거든 위나라 임금을 찾아가라 하였던 것이다. 그렇지 않으면 오히려 화를 부르는 격이다. 욕먹으면 누구든 반격하기 마련이다. 부자 간에도 친구 간에도 부부 간에도 사제지간에도 마찬가지다.

아무리 좋은 의도라 하더라도 당하는 입장은 기분 나쁘기 마련이다. 유가는 선의로 사람을 대하라 한다. 그러나 도가에서는 선하든 악하든 관계없이 의도 자체를 버리라 한다. 자신을 완전히 버리고 상대방에게 다가가야만 서로 마음이 통하고 서로 교감할 수 있다.

서로가 서로를 완전히 믿는다는 것이 얼마나 힘든가? 하고 싶은 말을 다 털어놓을 수 있는 사람이 몇이나 되는가? 있기는 한가? 부부 간에도 힘들고 부자 간에도 힘들고 친구 간에도 힘들 것이다. 왜? 반드시 감정이 상하게 마련이기 때문이다. 자신을 버리기 힘들기 때문이다.

인간은 사회적 동물이다. 나홀로 살 수 없는 것이 이 세상이다. 마음과 기를 서로 나누며 살아가고 있다. 마음이 통해야 서로 감응하게 된다. 서로 통하면 그리 애쓰지 않아도 된다. 한마디 말에 알아듣는다. 서로 마음이 통하지 않고 따라서 기가 교감하지 않는 사이라면 말을 아무리 많이 해도 소용없다. 말을 많이 하면 할수록 오히려 멀어지게 된다. 더욱 미워하게 된다. 왜냐하면 내가 옳고 상대방이 그르다고 밀어 붙이기 때문이다. 감정이 상하고 적대감만 불러일으키고 만다. 왜 내 말을 듣겠는가?

유가에서는 내가 옳다고 한다. 선의로 권한다. 그러나 도가에서는 옳은 것만으로는 부족하다 한다. 자신을 버려야 한다고 주장한다. 아이들에게 "내가 너라면 어떻게 했을까? 우리 함께 생각해 보자. 어떻게 하면 좋을까?" 라고 말하자. "도대체 왜 이 모양 이 꼴이야. 멍청한 녀석." 이라고 욕해서는 안 된다. 그 순간 부모도 선생도 마음에서 사라지게 된다. 함께 앉아 마음을 열고 대해야 한다. "성적 올리기가 쉽지 않지? 힘들지? 힘들지 않아야 할 텐데. 우리 함께 생각해 보자." 라고 말하자. 그러면 마음이 연결되고 기가 통하게 된다. 자신을 버려야 한다.

그래서 공자가 안회에게 먼저 자신을 버리라고 말한 것이다. 안회는 자신을 의사라고 여겼다. 공자로부터 가르침을 받고, 의대를 졸업하고 세상 사람들을 구하러 떠나려 했던 것이다. 그러나 스승인 공자는 "마음도 통하지 않고 기도 통하지 않게 될 것이다. 지금 네가 간다면 반드시 재난을 몰고올 것이다. 위나라 임금이 틀렸고 신하들이 틀렸고 위나라가 병들었다고 외치며 돌아다니면 어떻게 되겠는가? 모두의 적이 될 뿐이다." 라고 하며 말렸던 것이다.

마음을 열고 받아들이자. 제왕이 될 것이다.

소국의 존엄성은 오만으로부터 나온다

자신을 버리지 못한 데서 늘 문제가 발생한다. 마음으로부터 우월감이 나오고 기개가 솟아오른다. 내가 옳을 수도 있다. 하지만 상대방은 내 기개에 질려 버릴 수도 있다. "왜 그 모양이야?" 라는 소리가 아이들에게는 가장 견디기 힘든 말이다. 늘 내가 옳다며 아이들을 다그친다. 나를 버려야 한다. 내 마음을 열어야 한다. 그래야 마음이 통하고, 더불어 자유롭게 된다. 모두가 무면의 제왕이 될 수 있다. 이 민주주의 시대에도 여전히 많은 사람들이 황제가 되고 싶어 안달이다. 아빠는 집에 돌아와 황제가 되고 엄마는 황후가 된다. 수렴청정이 이어진다. "나만이 옳다. 모두 내 말에 절대 복종해야 한다." 고난의 시절이다. 황제도 백성도 모두 견디기 힘들다. 황제라면 마땅히 자유로워야 할 텐데. 왜일까? 하나밖에 없다고 여기며 왕관을 찾아 헤매기 때문이다. 왕관은 본래 없다. 제왕만이 있을 뿐이다. 무면의 제왕. 남편도 황제고 아내도 황제고, 아빠도 황제고 엄마도 황제고 아이들도 황제다. 모두가 황제다. 모두가 자유롭다. 나를 버리면 마음이 통하고 기가 감응하게 된다. 그뿐이다. 그러면 좋은 세상 오지 않겠는가?

선의로, 책임감으로, 사명감으로 중무장하고 세상에 나선다. 그러나 반감만 돌아온다. 나만 옳다고 외치지 말자. 기세를 버리고 눈높이를 맞춰라. 네가 틀렸다고 말해서는 화합이 있을 수 없다. 노자는 "대국은 자신을 낮춰야 마땅하다."라고 하였다. 대국은 본래 큰 나라다. 오만할 필요 전혀 없다. 오히려 자세를 낮추고 소국을 존중해야 한다. 그러면 소국도 목숨 걸고 대항하지 않게 될 것이다. 서양 세계의 오만함이, 대국의 오만함이 초래한 결과를 보라. 저항만 남을 뿐이다. 전쟁의 역사만 되풀이될 뿐이다.

텅 비어 밝게 비추기만 하면 알아서들 잘 산다

어떤 임금이 좋은 임금인가? 마음을 비워야 한다. 그러면 판단력이 밝아진다. 천하를 위해 힘쓰지만 자랑하지 않는다. 이 세상 모든 어머니 마음이다. 가사 노동으로 하루를 보내면서도 자랑하지 않는다. 남편과 아이들에게 "오늘 청소 누가 했지? 이 많은 빨래 누가 다 했는지 알아?"라고 묻지 않는다. 옆에 앉아 매일 한숨 쉬며 "누구 때문에 이 고생하는지 알기나 해?"라고 한탄한다면 가족들 모두 소화불량에 시달리게 될 것이다. 선생도 마찬가지다. "내 청춘은 이 떨어지는 분필 가루와 함께 사라졌다. 모두 너희가 속을 썩여서 그래."라고 말해 보라. 아이들은 바늘방석에 앉은 기분이 들 것이다. 우리들 성장의 대가가 선생님의 가 버린 청춘이라니.

내가 하는 일이 얼마나 많은가? 내가 없으면 되는 일이 하나도 없을 듯하다. 잊어야 한다. 내가 한 일이 아무것도 없다고 여겨야 한다. 그래야 모두가 즐겁게 된다. 나도 즐겁고 그도 즐겁게 된다.

어머니들이 짜증 내지 않으면 즐거운 식사가 될 것이다. 선생님이 자신을 버리면 학생들이 즐겁다. 자신의 희생을 강조하지 말라. 학생들이 견디기 힘들다. 참회하는 심정으로 수저를 들고, 늘 감사하는 마음으로 수업에 임한다면 살맛 나겠는가? 자신을 버린다는 것은 참으로 어렵다. 내 노고를, 내 희생을 아무도 알아주지 않는다는 사실이 얼마나 견디기 힘든 일인가?

부엌에서 소리친다. "저녁들 먹어요." 식구들 모두 단숨에 달려간다. 늦으면 또 무슨 소리 할까? 아내는 여전히 일한다. "있다가 하고 같이 드세요?" 아이들이 말한다. "먼저들 드세요. 아직 할 일이 남았어요." 아내는 모른다. 자기가 바쁘면 우리가 먹기 힘들다는 사실을. 왜 꼭 다른 식구들이 식사를 다 마친 다음 식사해야 하는가? 왜 우리는 미안한 마음을 지닌 채 밥 먹어야 하는가? 편할 턱이 없다. 간단하다. 내려놓으면 그만이다. 그리고 함께 식사하면 모두가 즐겁지 않겠는가? 죄책감 없이 자유롭게 식사할 수 있는 것 아니겠는가? 모두가 제왕이 되는 순간이다. 즐거운 만찬이 될 것이다.

쪽집게 계함

정나라에 계함이라는 점쟁이가 있었다. 신과 인간의 매개자로서 신의 뜻을 인간들에게 전해 준다. 사람들의 사생존망과 길흉화복을 연월일시까지 정확하게 예언한다. 마치 신인 듯싶다. 길을 가다가 누구든 만나기만 하면 "너는 내일 죽을 것이다." "너는 모레 다칠 것이다." 말하며 지나간다. 그리고 꼭 맞춘다. 모두들 계함만 나타나면 혼비백산이다. 꼭꼭 숨어 버린다. 얼굴만 보면 죽을 날을 정해 주니 어쩌란 말인가, 숨을 도리밖에.

죽음을 두려워하지 않는 경지에 오른 도사인 열자는 그런 계함을 숭배하였다. 자신의 스승인 도사 호자에게 가서는 "선생님, 선생님의 도술이 천하제일인 줄 알았는데, 더 높은 사람을 보았습니다." 하였다. 연고를 묻자 열자가 자초지종을 말하였다. 그러자 호자는 "내가 네게 전수한 것은 겉모습일 뿐이다. 아직 알맹이까지 미치지 못하였다. 네가 득도한 줄 아느냐? 수컷이 없다면 암컷이 아무리 많아도 무슨 수로 부화할 수 있겠는가? 보잘 것 없는 재주로 설치고 다니니 밑천을 내보일 수밖에." 하고 말한다. 계함이 영험해서가 아니라 너희가 모자라서란다. 너희가 얼굴에 자신의 모습을 다 드러내고 돌아다니기 때문이란다. 계함은 얼굴 표정을 읽는 재주를 지녔을 뿐이란다. 우리가 신문을 보고 세상을 안다고 떠드는 것처럼.

호자는 계함을 데려오라고 열자에게 이른다. 다음 날 열자가 계함을 데려와 호자의 관상을 보게 하였다. 계자는 관상을 보고는 "네 스승은 곧 죽을 것이다. 열흘을 넘기지 못할 것이다. 관을 준비하라." 라고 열자에게 말한다. 열자는 울며 스승에게 말한다. 나 죽는 것은 두렵지 않으나 선생님을 어찌 보내냐며 통곡한다. 그러자 호자는 "내가 조금 전에 계함에게 보여준 것은 지문(地文), 즉 대지의 상이다. 움직임도 멈춤도 없는 저 거대한 산같이 내 생기(生機)를, 활맥을 막

았었다." 하는 것 아니겠는가.

그리고는 계함을 다시 불러들이라 일렀다. 계함은 다시 관상을 보고 나서 열자에게 "자네 스승이 나를 만난 것이 행운이지. 닫혔던 생기가 열리기 시작하는 것을 보았다네." 라고 하였다. 열자는 이 기쁜 소식을 스승에게 고하였다. 그러자 호자가 "이번에는 천양(天壤), 즉 하늘의 흙을 보여 주었지. 뭐라 이름 붙일 수도 없고, 연유를 설명할 수도 없는 생기를 발꿈치에서 내보냈지. 계함이 그것을 본 것일 테지." 라고 말하며 한번 더 불러들이라고 명한다.

이제 4일째가 되었다. 계함이 또 호자의 방에 들었다가 나왔고 열자도 재차 물었다. 그러자 계함이 "오늘은 안 되겠어. 자네 스승의 기가 어지러이 움직여 도저히 볼 수가 없어. 기가 고르게 움직일 때를 기다려 다시 봐야겠어." 하며 돌아갔다. 열자는 스승에게 계함의 말을 전하였다. "지금 내가 보여준 상은 태충막승(太冲莫勝)이라는 상이다. 승이란 조짐이라는 말이고, 충은 텅 비었다는 말이다. 즉 텅 비어서 아무 조짐도 나타나지 않는 상을 보여주었는데 어찌 기가 어지러이 운행한다고 한다더냐. 물고기가 활발하게 움직이는 곳이 호수고, 고요한 호수 저 밑바닥에서는 소용돌이가 끊이지 않는다. 음양이 절묘하게 조화를 이루고 있으니 생과 사 어느 쪽도 보지 못할 수밖에." 라고 말하며 계함을 한 번 더 부르라 이른다.

이제 5일째, 계함은 문지방을 넘기도 전에 황망하게 도망가 버리는 것 아닌가. 도대체 무엇을 본 것일까? 호자가 소리친다. “잡아와라.” 열자가 쫓아간다. 열자가 누구던가. 바람을 부리는 도사가 아니던가. 그 빠른 열자도 그만 놓치고 말았다. 무엇이 계함으로 하여금 강호에서 영원히 은퇴하게 만들었을까? 스승은 말한다. “지금껏 어느 누구도 본 적 없는 나의 참모습을 보여주었다.” 무엇이 호자의 참모습이었을까?

우리는 늘 남에게 자신의 모습을 보여주며 살아간다. 아버지 앞에서는 아들의 모습을 보여주고, 아들 앞에서는 아버지의 모습을 보여준다. 선생님 앞에 서면 나는 학생이고, 학생 앞에서는 선생이 된다. 어느 것이 나의 참모습일까? 아버지? 아들? 학생? 아니면 선생?

인생은 심연과 같다

이 사건이 있고 난 뒤 열자는 스승의 곁을 떠난다. 집으로 돌아가서는 삼 년을 두문불출한다. 아내를 위해 밥을 짓고 돼지를 키운다. 사람을 봉양하듯 돼지를 봉양한다. 돼지처럼 살아간다. 특별히 좋아하는 것도 없이, 아무런 사회 활동도 하지 않고 그냥 그렇게 살았다. 조각된 자신의 모습을 버리고 통나무가 되었던 것이다. 자연인으로 생을 마감한다.

인생은 심연과 같다. 때로는 고요하고 때로는 요동치며 때로는 소용돌이에 휩싸이기도 한다. 멈추면 죽음이고 움직이면 사는 것이다. 그러나 고요하면서 동시에 움직이는 것이 심연이다. 헤아리기 어렵다. 누구나 다양한 모습으로 살아간다. 때로는 아버지로, 때로는 아들로, 때로는 선생으로, 때로는 학생으로 살아가는 것이 인생이다. 어디에 자신을 묶을 것인가? 왜 집에서도 선생이고 싶어하는가? 회사에서 사장이지 집에서도 사장인가? 왜 운동장에서도 국회의원이기를 고집하는가? 시커먼 양복에 번쩍번쩍 빛나는 구두 신고 잔디밭에서 거만 떨며 뭘 어쩌자는 건가?

호자의 참모습은 거울이었다. "지인(至人)의 마음 씀씀이는 거울과 같다. 오는 것 마다하지 않고 가는 것 잡지 않는다. 있는 그대로 비춰줄 뿐이다. 그러므로 차별이 없고 해침을 당하지 않게 된다."라고 장자는 말한다. 계함은 호자를 보려 하였으나 오히려 호자를 통하여 자신의 모습을 보았을 뿐이었다.

거울은 자신을 내세우지 않는다. 거울은 자신을 버리고 남을 비춰줄 뿐이다. 마음에 들지 않는다고 비춰 주지 않는 거울을 보았는가? 거울은 아무 것도 감추지 않는다. "거울아, 거울아. 세상에서 누가 제일 예쁘니?" "신데렐라요." 아무것도 두지 않는다. 늘 비우고 기다린다. 그 누구도 거부하지 않는다. 한 번 찍은 필름은 다시 쓸 수 없다. 이미 채웠기 때문이다. 비울 수 없기 때문이다. 우리의 마음은 창고와 같다. 늘 채우려고 애쓴다. 일생의 고난과 슬픔이 꽉 차서 남을 바라볼 여력도 없다. 에라 모르겠다. 안 보면 그만이지. 내 한몸 잘살면 그만이지. 이것이 인생이란 말인가?

왔다 간 것은 잊어라. 올 것을 위해 마음을 비우라. 자기보다 먼저 죽은 제자를 생각하며 통곡한 사람이 공자다. 스승을 그토록 슬프게 만든 인물이 안회다. 그 안회를 공자가 칭찬한다는 게 고작 화풀이하지 않는 점이었다. 막 부부 싸움 한바탕 치르고 씩씩거리는데 아이가 장난감 사 달란다. "야 이놈아! 하라는 공부는 안 하고 왜 매일 장난감 타령이야?" 뒤통수로 손이 올라간다. 얼마나 억울한가? 비우지 않아서 그렇다. 바로바로 비워야 한다. 그래야 늘 맑게 비출 수 있게 된다. 거울이어라.

구멍을 뚫으려 하지 마라, 혼돈이 죽는다

무엇이 제왕의 덕인가? 만백성 모두를 보살펴야 한다. 무엇이 참 스승인가? 모든 아이들을 다 돌보아야 한다. 거울이어야 한다. 아무 숨김없이, 아무 것도 놓치지 말고 다 비춰 줄 수 있어야 한다. 당신이 제왕이 된다면, 당신이 거울이 된다면, 따뜻한 세상이 올 것이다.

남쪽 바다에 숙(儵)이라는 제왕이 살았다. 북쪽 바다 제왕은 홀(忽)이었다. 그리고 한가운데 혼돈(混沌)이라는 제왕이 살고 있었다. 남해와 북해의 제왕은 늘 혼돈의 나라에 가서 즐기곤 하였다. 왜 숙이라 이름하고 왜 홀이라 이름하였는가? 빠를 숙(儵)에 갑자기 홀(忽), 짧음을 의미한다. 권세의 덧없음을 의미하고 부귀영화의 덧없음을 의미한다. 절정의 권좌에 앉은 이들이 왜 혼돈의 나라에 와서 즐기는 걸까? 부자도 없고 가난뱅이도 없는 곳이 바로 혼돈이다. 강자와 약자의 구별이 없는 세계다. 번쩍이는 보석도, 비싼 상표도 벗어 던지고 백사장에서 태양을 즐긴다.

두 제왕은 복잡한 세상사 다 잊고 혼돈의 땅에서 휴가를 만끽한다. 고마울 따름이다. 문득 보답을 하고 싶어진다. "누구나 눈이 두 개요 콧구멍이 두 개요 귓구멍이 두 개요 입 하나 있어서 맛난 것 먹고 재밌는 것 보고 즐거운 소리 듣고 숨 쉬며 사는데, 혼돈은 그 재미를 모르니 얼마나 불쌍한가? 우리가 구멍을 뚫어 주자고." 하고는, 하루에 하나씩 칠일 동안 일곱 개의 구멍을 뚫어 주었다. 그러나 일곱째 날 마지막 구멍을 완성하는 순간 혼돈은 죽었다. 왜 혼돈인가? 구멍이 없기 때문이다. 구별이 없기 때문이다. 구멍이 있으면 혼돈이 아니다. 그러니 죽을 수밖에.

찾아보기

[ㅂ]

[ㅅ]

[ㅇ]

모들아카데미02

장자, 치유지향(治癒之鄕)

등 록 1994.7.1 제1-1071
1쇄 발행 2014년 4월 10일

지은이 왕방슝(王邦雄)
옮긴이 전병술
펴낸이 박길수
편집인 소경희
편 집 조영준
디자인 이주향
펴낸곳 도서출판 모시는사람들
110-775 서울시 종로구 삼일대로 457(경운동 88번지) 수운회관 1207호
전 화 02-735-7173, 02-737-7173 / 팩스 02-730-7173

인 쇄 (주)상지사P&B(031-955-3636)
배 본 문화유통북스(031-937-6100)
홈페이지 http://blog.daum.net/donghak21

값은 뒤표지에 있습니다.
ISBN 978-89-97472- 63-5 94160
ISBN 978-89-97472- 52-9 94160(세트)

이 도서의 국립중앙도서관 출판시도서목록(CIP)은 e-CIP 홈페이지(http://www.nl.go.kr/ecip)에서 이용하실 수 있습니다.
(CIP제어번호: 2014008301)